缤纷以色列

主　编 孟振华　副主编 胡　浩　艾仁贵

以色列法律

张腾欢 著

南京大学出版社

图书在版编目（CIP）数据

以色列法律 / 张腾欢著. -- 南京：南京大学出版社, 2023.9
（缤纷以色列 / 孟振华主编）
ISBN 978-7-305-25320-1

Ⅰ. ①以… Ⅱ. ①张… Ⅲ. ①法律 - 概况 - 以色列 Ⅳ. ① D938.2

中国版本图书馆 CIP 数据核字（2022）第 001322 号

出 版 者	南京大学出版社
社　　址	南京市汉口路22号　　邮　编　210093
出 版 人	王文军

丛 书 名	缤纷以色列
丛书主编	孟振华
书　　名	以色列法律
著　　者	张腾欢
责任编辑	田　甜　　编辑热线　025-83593947

照　　排	南京新华丰制版有限公司
印　　刷	南京爱德印刷有限公司
开　　本	880mm × 1230mm　1/32　印张4.75　字数150千
版　　次	2023年9月第1版　2023年9月第1次印刷
ISBN	978-7-305-25320-1
定　　价	40.00元

网址：http://www.njupco.com
官方微博：http://weibo.com/njupco
官方微信号：njupress
销售咨询热线：（025）83594756

* 版权所有，侵权必究
* 凡购买南大版图书，如有印装质量问题，请与所购图书销售部门联系调换

编辑委员会

主　任：徐　新

副主任：宋立宏　孟振华

委　员：艾仁贵　胡　浩　孟振华　宋立宏
　　　　徐　新　张鋆良　[以] Iddo Menashe Dickmann

主　编：孟振华

副主编：胡　浩　艾仁贵

总 序

　　以色列国是一个充满奇迹的地方。早在两千多年前，犹太人的祖先就在这里孕育出深邃的思想，写下了不朽的经典，创造了璀璨的文明，影响了整个西方世界。在经历了两千年漫长的流散之后，犹太人又回到故土，建立起一个崭新的现代国家。他们不仅复兴了民族的语言和文化传统，更以积极的态度参与和引领着现代化的潮流，在诸多领域都取得了足以傲视全球的骄人成绩。

　　中犹两个民族具有诸多共同点，历史上便曾结下深厚的友谊。中国和以色列建交已30年，两国人民之间的交往也日益密切和频繁，各个领域的合作前景乐观而广阔。赴以色列学习、工作或旅行的中国人越来越多，他们或流连于其旖旎的自然风光，或醉心于其深厚的文化底蕴，或折服于其发达的科技成就。近年来中文世界关于以色列的书籍和网络资讯更是层出不穷，大大拓宽了人们的视野。

　　不过，对于很多中国人来说，这个位于亚洲大陆另一端的小国仍然是神秘而陌生的。即使是去过以色列，或与其国民打过不少交道的人,所了解的往往也只是一些碎片信息,不同的人对于同一问题的印象和看法常常会大相径庭。以色列位于东西方交汇点的特殊位置和犹太人流散世界各地的经历为这个国家带来了显著的多元性,而它充沛的活力又使得整个国家始终处在动态的发展之中。因此,恐怕很难用简单的语言和图片准确地勾勒以色列的全景。尽管如此,若我们搜集到足够丰富的碎片信息,并能加以综合,往往便会获得新的发现——这正如转动万花筒,当碎片发生新的组合时,就会产生无穷的新图案和新花样,而我们就将看到一个更加缤纷多彩的以色列。

作为中国高校中率先成立的犹太和以色列研究机构,南京大学犹太和以色列研究所携手南京大学出版社,特地组织和邀请了多位作者,共同编写这套题为《缤纷以色列》的丛书,作为中以建交30周年的献礼。丛书的作者中既有专研犹太问题的顶尖学者,也有与以色列交流多年的业界精英;既有成名多年的资深教授,也有前途无量的青年才俊。每位作者选择自己熟悉和感兴趣的专题撰写文稿,并配上与内容相关的图片,用图文并茂的形式呈现给读者,力求做到内容准确,通俗易懂,深入浅出,简明实用。也许,每本书都只能提供几块关于以色列的碎片,但当我们在这套丛书内外积累了足够多的碎片,再归纳和总结的时候,就算仍然难以勾勒这个国家的全景,也一定会发现一个崭新的世界。

孟振华

2021 年 3 月谨识

目 录

第一章 以色列法律的前世今生
先贤的智慧：犹太教传统律法 …………………… 001
近世舶来品：奥斯曼法和普通法 ………………… 008
迎来新时代：建国后的法制建设 ………………… 013

第二章 以色列主要法律纵览
有实无名的宪法：《基本法》 …………………… 017
安全国度里的严刑峻法：刑法 …………………… 023
多元社会的粘合剂：民事和商事法律 …………… 029
彰显犹太特质的立法：其他法律 ………………… 057

第三章 以色列的主要法律机构
各民族共同的"大集会"：议会 ………………… 069
万花筒般的审判机构：各类法院 ………………… 077
以色列民主的守护者：检察系统 ………………… 089
常规执法外的准军事力量：警察系统 …………… 092

第四章　絮说以色列法律

犹太国家底色永不变 ····· 096
阿拉伯人是二等公民？ ····· 101
凯撒的或许也归上帝 ····· 110
慎用死刑的国家 ····· 120
小结 ····· 129

参考文献 ····· 131

附录 1　中以交往一枝春 ····· 133

附录 2　南京大学黛安/杰尔福特·格来泽犹太和以色列研究所简介 ····· 139

第一章

以色列法律的前世今生

现代以色列是犹太人建立的国家。在古代的巴勒斯坦地区，犹太人曾建立过自己的国家，创造了光辉璀璨的文明。公元135年，犹太人反抗罗马统治的起义被镇压，大部分犹太人被逐出了巴勒斯坦，开始流散到世界各地。在长达1800多年的流散历史中，犹太教传统律法既是保持犹太人的民族认同的基础，也是维持犹太人宗教信仰、日常生活秩序的法律依据。19世纪末，犹太复国主义兴起后，欧洲犹太人开始移民巴勒斯坦，最终建立了犹太人的国家——以色列，自此开启了以色列法律的立法和实践活动。

先贤的智慧：犹太教传统律法

犹太教传统律法很大程度上是关于犹太人宗教信仰、日常生活的行为规范。犹太教的基础经典是《托拉》（Torah），原意为"启示""教义"。从狭义上讲，《托拉》是指《希伯来圣经》（又称《塔纳赫》，Tanakh）的前五卷，有时也称《摩西五经》，包括《创世纪》《出埃及记》《利未记》《民数记》《申命记》。按照传统犹太人的解释，《托拉》的前五卷共有613条戒律，也就是所谓的"诫命"（mitzvot），它们构成了后来所有犹太法典以及整个犹太教律法体系的基础。因此，《托拉》是第一部也是最重要的一部犹太教成文律法。

古代犹太人相信,上帝赐给了他们两部《托拉》:一部是成文的,一部是口头的。他们认为,摩西在带领犹太人出埃及时,在西奈山上时,上帝不仅传授给了摩西《托拉》,同时也将口传《托拉》一并传给了他。在犹太人建立了独立国家的第一圣殿时期,祭司、利未人和士师不仅要解释《托拉》,也承担着教导人们如何在生活中遵行《托拉》的责任。从第一圣殿被毁到犹太人返回耶路撒冷,再到第二圣殿被毁,犹太人不仅失去了独立的国家,也失去了践行犹太教律法的圣所和机会,他们的生活环境发生了剧烈变化。

为了使处于困境中的犹太教得以延续,一些精通律法的犹太贤士担当起诠释律法、教导犹太人学习律法的责任。这些人被尊称为"拉比"(Rabbi)。因为犹太教成文律法通常只是简明扼要地作出规定,因此在践行这些律法时就会产生多种理解。例如《希伯来圣经》中记载,上帝创世之后,在第七天休息,因此这一天被视为圣日。《希伯来圣经》中多次提到要遵守安息日,规定在这一天不能劳作,但并没有明确"劳作"的具体所指和范畴,因此在不同时期,不同的拉比对这一具体问题有不同的见解。

在教授人们犹太教律法的过程中,拉比会不断地对具体的条款进行新的解释,并口口相传给后来的拉比和犹太教信徒,这些口头相传的对《希伯来圣经》的解释与讨论实际上成了犹太人的宗教生活和日常生活的规范法则。这种口述传统代代相传,最终成为犹太教的一种释经传统,拉比的职责就是不断地对律法进行阐释和补充,并将其转变为指导宗教实践和信仰以及日常生活的实用律法。因此,犹太教律法大致可以分为成文律法和口传律法这两种。随着时间的推移,拉比们关于犹太教律法的解释又成为口传律法本身的一部分,内容也不断丰富,最终

拉比是犹太教律法的解释者。图为20世纪美国著名拉比伯纳德·里弗。

拉比们意识到,将这些口传律法进行汇编势在必行。于是,大约在公元1—2世纪,对口传律法的汇编工作开始了。从第二圣殿被毁到公元600年左右,口传律法的汇编工作基本完成,包括《密释纳》(Mishnah)、《托塞夫塔》(Tosefta)、《革马拉》(Gemara)、《巴勒斯坦塔木德》和《巴比伦塔木德》。

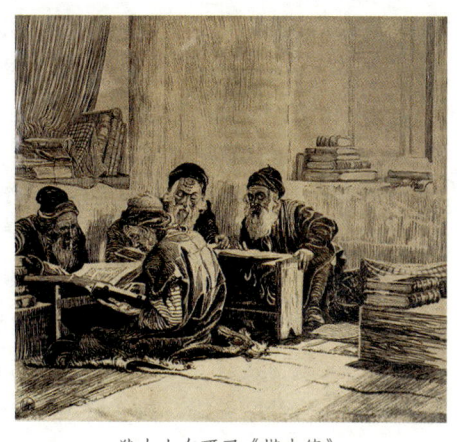

犹太人在研习《塔木德》

《密释纳》是最早的犹太教口传律法成文经典,汇集了历代拉比在实际生活中对犹太教律法的诠释所产生的大量口传律法,是一部犹太教律法巨著。"密释纳"这个词来自希伯来语的 shanah,意思是"重复学习",体现了拉比希望犹太人能够通过重复学习从而熟练掌握律法知识的愿望。与《希伯来圣经》一样,《密释纳》不是某位拉比的独著,而是经由几代拉比整理汇编而成。到公元3世纪初,犹大·哈纳西(Judah ha-Nasi)拉比最终完成了这项工作。完成后的《密释纳》包含了当时最全面的犹太教律法,成为犹太教律法实践的主要参考规范。很快,《密释纳》就成为巴勒斯坦和巴比伦犹太人的律法经典,被代代传承。此后,犹太教释经传统也仍然得到保留,在不同时期的不同群体中,《密释纳》中的口传律法是否适用也仍然被不断地讨论。因此,这些拉比对《密释纳》中口传律法的注释和讨论又不断得到丰富,最终被结集成书,是为《革马拉》。不过,因为在巴勒斯坦和巴比伦犹太社团中,两地的拉比释经的方式不同,所以《革马拉》有巴勒斯坦和巴比伦两种版本。

《托塞夫塔》是另一部重要的犹太教口传律法汇编,它与《密释纳》大致成书于同一时期,大约在3世纪末和4世纪初编撰完成。"托塞夫塔"(tosefta)这个词来源于动词 yasaf,意思是"收集、增加"。在形式和内容上,《托塞夫塔》和《密释纳》几乎一字不差,都是对《塔纳赫》文献的注释。对于为什么会有两种内容如此雷同的文本,学界还未有定论。但《托塞夫塔》保留了在长期研究过程中形成的口传律法的某些传统、论据和解释。在某些地方,《托塞夫塔》中提到的一些传统不仅与《密释纳》相矛盾,也会造成《托塞夫塔》本身的自相矛盾。因此,据推测,《托塞夫塔》很可能是对《密释纳》的补充。

"米德拉什"(midrash)一词来源于希伯来语动词darash,意为"寻找"和"询问"。"米德拉什"的意思主要是"研究或学习",但也有"解释"和"教义"的含义。《米德拉什》是对犹太教律法和伦理进行通俗阐释的文献,是对《希伯来圣经》的诠释。《米德拉什》按照《希伯来圣经》的卷序编排,卷名为《希伯来圣经》原书卷名称后面加上"米德拉什",分别称作该卷的米德拉什,如"创世记米德拉什""出埃及记米德拉什"等。《米德拉什》的内容包括"哈拉哈"(Halachah)和"哈加达"(Haggadah)。"哈拉哈"意为规则,是犹太教口传律法文献,阐释律法的教义、礼仪与行为规范,说明犹太教律法的生活应用。"哈加达"则意为宣讲,阐述经文的寓意、历史传奇和含义等,并对逾越节的仪式和祈祷活动进行指导。

在《密释纳》完成后的三个世纪里,又有两部犹太教律法经典的核心著作得以成书,分别是《巴勒斯坦塔木德》《巴比伦塔木德》。前者于公元5世纪在巴勒斯坦成书,而后者由巴比伦的拉比在6世纪完成。"塔木德"(Talmud)的意思是"教导或学习"。《塔木德》最初由《密释纳》和《革马拉》组成,后来又增补了《米德拉什》,可以说是犹太教口传律法的合集。但是,在历史发展过程中,基于在犹太生活中的实践,《巴比伦塔木德》获得了更高的权威性。巴比伦学院的"加昂"(Geonim,巴比伦学院的院长,教授《塔木德》并决定尚未做出裁决的犹太教律法问题)明确要求,法律案件必须根据《巴比伦塔木德》来裁决。之后,中世纪著名哲学家和拉比摩西·迈蒙尼德(Moses Maimonides,1135—1204)又强调了这一原则。他认为,每个犹太人都有责任遵守《巴比伦塔木德》,自此,《巴比伦塔木德》就成为决定犹太教律法规则正当性的标准,也是犹太学者研究犹太教律法的主要参考著作。相比之下,《巴勒斯坦塔木德》没有《巴比伦塔木德》内容详细，也更难以理解，因而不具有同等重要性。今天，人们所说的《塔木德》一般是指《巴比伦塔木德》。

就这样，犹太教口传律法经典在公元6世纪基本得以完成，但是犹太教口传律法的内容仍随着犹太人生活环境的变迁而不断发展演变。《塔木德》中的"哈拉哈"后来成为指代自圣经时代演变而来的犹太教口传律法的统称，用以规范犹太宗教仪式、日常生活和行为。12世纪的摩西·迈蒙尼德、12世纪和13世纪的雅各布·本·阿舍以及16世纪的约瑟夫·卡罗，都曾对哈拉哈进行

摩西·迈蒙尼德的名著《迷途指津》扉页

了重新编纂，犹太教口传律法的内容随之也不断丰富和完善。

18世纪末，在欧洲各国兴起的启蒙运动给犹太人的生活带来了世俗化，使犹太人得以参与并分享现代欧洲文化成果。但同时，启蒙运动给犹太人带来的问题和挑战引发了欧洲犹太人和北美犹太人之间的激烈争论，并持续了整个19世纪。在这样的背景下，来自德国的一个犹太教分支，即新正统犹太教（neo-Orthodox），重新思考了拉比犹太教教义，并根据需要对其进行修订，这一活动被称为犹太教改革运动。基于对犹太教律法的不同解读与践行，犹太教改革运动使得犹太教内部最终形成了三大主要派别，即犹太教正统派、犹太教改革派和犹太教保守派。当然，在这些派别内部，也有各种不同的分支，他们也以不同的方式实践和发展着犹太教律法。

综上，犹太教律法包括成文律法和口传律法，是包括民事、刑事和宗教法律在内的一套戒律和规章制度。它通过犹太教经典文本得以确立，并不断完善，用以调节犹太人之间的关系以及他们与上帝的关系。犹太教律法并没有区分世俗法律和宗教法律。法律在《希伯来圣经》中有两个词来表示，一个是"mishpat"，另一个是"din"。"mishpat"是指包括民事、刑事和宗教法律在内的一套戒律和规章制度。"din"

一词在《申命记》（17：8）的语境中指的是人际关系法律，该词之后在《塔木德》中出现，并对家庭法、刑法和国家法作了区分。这些法律涉及民事诉讼法、婚姻继承法、财产法以及罚款等规则。家庭法包括所有涉及婚姻和家庭以及个人身份的问题。刑法是关于对个人（罚款之外）的处罚和刑事诉讼的法律。国家法则是处理国家事务、战争与和平、国王和法官的任命、私有财产和土地权利以及与圣所和犹太社团有关的事务。而《托拉》不仅包含具体的戒律，还有各种各样的规则、仪式、伦理和法律规则，侧重于规范个体之间关系的规则；摩西十诫则是对个人的道德要求，不能被称为真正意义上的"法律"，因为它们没有规定对不遵守行为的制裁。

在3000多年的历史长河中，犹太人仅仅在很短的时期拥有自己独立的政治主权。在大多数时期，犹太人一直生活在异族统治之下。犹太民族能够在漫长的流散历史中保持其独特的生活方式和文化认同，其中的关键因素在于，犹太社团在法律事务上通常享有相对广泛的自治权。虽然自治程度在不同时期和不同地区有明显差异，但确保了犹太教律法的持续发展。

在古代和中世纪的穆斯林和基督教统治时期，犹太社团可以在宗教、社会和经济等事务方面实行自治。在某些国家和地区，犹太人甚至可以根据自己的宗教律法裁决犹太社团内部事务。例如，在17世纪的荷兰，当地的犹太社团对内部事务有部分司法权。1656年，23岁的巴鲁赫·斯宾诺莎因被控亵渎犹太教，被阿姆斯特丹犹太教公会开除了教籍，此后当地犹太人不得再与他有任何来往。后来，随着现代国家的出现，尤其是在法国大革命之后，现代资产阶级国家取代了欧洲传统的社会秩序。在19世纪，现代国家成为唯一的立法权威，颁布了适用于所有人的普通民法，这带来的后果是，犹太社团像其他少数群体一样，在很大程度上失去了法律自治权，以前由犹太教律法处理的事务范畴现在则须由国家管辖。虽然在现代国家，犹太教律法的权威被大大削弱了，但犹太人仍然继续丰富和发展着自己的宗教律法，直到今天，犹太教律法仍是犹太社团内部重要的法律规范。

犹太教律法之所以能够延续至今，在于其神圣性、包容性和批判性。

犹太教律法的基础不是世俗立法权威，而是古代犹太人与上帝之间的契约。犹太人相信，在摩西带领犹太人逃出埃及的过程中，上帝在西奈山显灵，并通过摩西与犹太人立下契约。所以，犹太教律法是上帝的旨意，践行犹太教律法是犹太人的使命。

图中描绘了斯宾诺莎在开除令下达后遭到当地犹太人排斥的场景。在当时的很多欧洲国家，犹太社团在内部有部分司法权，裁决由社团拉比作出。

犹太教律法不是一种国家律法，而是犹太民族的律法。从本质上来说，犹太教律法是以上帝的名义使犹太教信仰成为规范犹太人行为方式的准则。

犹太教律法的另一个重要特点是它的包容性和灵活性，这一点在犹太教口传律法的发展中体现得尤为明显。犹太教信仰的核心是通过遵守上帝在《托拉》中传授的诫命，按照上帝的旨意来建立世界的秩序。上帝赐予犹太人《托拉》，也赐予了他们对《托拉》的理解和诠释的权利。拉比相信，即使是神授的律法，也未必是永恒不变的，神的启示可以在讨论这些规范及其法律效力的过程中继续被揭示。拉比最重要的任务就是对上帝神圣意志的持续解读，并使犹太教律法成为适应当下需求的法律规范。在犹太人中有句著名的谚语，即"十个犹太人中有十二种观点"。即便是成文律法的经典也只是将对律法的见解列举出来供所有人讨论，而不是给出一种固定不变的解释与理解。这就是犹太人的释经传统，允许所有犹太人对同一条律法有各种各样不同的解读，这种灵活性和包容性保证了犹太教律法的持续生机。

批判性和实用性始终贯彻在对犹太教律法不断进行解释的过程中，根据不同时代的要求，一些僵化的戒律被批判，最后被摒弃。比如，

《出埃及记》中有记载"以眼还眼,以牙还牙",如果按照字面意思理解的话,这一规则极为野蛮与血腥,显然与现代人的普遍认知相悖,因此这一规则经过历代拉比的诠释,肉体的偿还方式逐渐变成了对等的经济结算。这清晰地反映了犹太教律法发展的基本原则:充分将上帝的启示、犹太先知的理想主义和拉比的实用主义、个人的自主性、社会的发展相协调。

自1948年建国以后,以色列成为世界上唯一一个以犹太人为主体民族的国家,犹太教律法在塑造以色列的文化和生活方式的过程中继续发挥着重要作用。今天,以色列国内有各个不同教派的犹太人,但无论是虔诚的极端正统派犹太人,还是世俗犹太人,都在一定程度上有遵守犹太教律法的行为。更多时候,犹太教律法得以通过国家立法在人们的日常生活如婚姻、个人身份、节日、语言等方面得到体现。虽然犹太教律法在以色列的国家认同方面发挥着重要的作用,但同时也存在许多问题,造成了以色列国内不同民族之间的紧张局势以及宗教与世俗冲突带来的社会和经济等问题。

近世舶来品:奥斯曼法和普通法

以色列所在的地区有着悠久的历史和法律传统,这里不仅诞生了摩西律法,也是埃及和美索不达米亚法律传统的交汇处。这里还先后受到希腊法和罗马法的影响,然后又受到由希腊法和罗马法融合而成的拜占庭法的影响。后来,随着阿拉伯人和奥斯曼帝国的征服,这一地区开始实行伊斯兰教法和奥斯曼帝国的法律。奥斯曼帝国的统治长达600多年,它的法律体系也影响深远。第一次世界大战后,国际联盟委任英国暂时统治巴勒斯坦,开启了英国对巴勒斯坦三十年的委任统治时期(1917—1948)。英国在委任统治时期保留了部分奥斯曼帝国的法律传统,同时也将普通法带到了这一地区,从而深刻地影响了以色列的法律体制。

（一）奥斯曼帝国时期

1517年，奥斯曼土耳其帝国征服了马穆鲁克统治下的埃及和巴勒斯坦，奥斯曼法律体系开始成为巴勒斯坦的统治法律。奥斯曼法律体系在该地区的应用基于伊斯兰教法，尤其是逊尼派伊斯兰教法。除了伊斯兰教法，还有世俗法典作为补充，这些世俗法律主要涉及税收、行政管理、土地所有权和使用等问题。根据伊斯兰教传统，基督教徒和犹太教徒在家庭、宗教和社区生活方面享有法律自主权。

19世纪初，由于统治危机的加剧，奥斯曼帝国国内关于实行改革的呼声愈发高涨。为了巩固帝国的统治基础，1839—1876年，奥斯曼帝国在行政、经济、军事和法律制度方面开展了一系列被称为"坦齐马特"（Tanzimat，意为重组）的改革。这次改革深受拿破仑法典和法兰西第二帝国时期法国法律的影响，是一次现代化和西方化的改革。其中，法律上的改革包括两个方面：一是对伊斯兰教法和奥斯曼法律的重组，颁布了一部基于伊斯兰教法的民法汇编，主要涉及合同法，在1869—1876年分为16卷颁行。在土地制度方面，坦齐马特理事会制定的1858年《奥斯曼土地法》是根据奥斯曼帝国苏丹的法令和实际的土地保有制度制定的，使用了伊斯兰术语，但法律蓝本来自欧洲。二是引入了法国法律。法国的拿破仑法典被修改后翻译成土耳其文，并宣布为具有约束力的奥斯曼法典，主要包括《奥斯曼商法》（1850）、《刑事诉讼法》（1850）、《刑法典》（1858）、《海商法》（1867）和《民事诉讼法》（1914）。但来自法国的法典难以被伊斯兰教法法庭所解释和执行，随后发起的一场法院体制改革系统模仿了法国的法院制度，组建了由审判法院、上诉法院（在各省首府）和最高法院

奥斯曼帝国议会

(在伊斯坦布尔)组成的三级法院体制。

所以,到第一次世界大战前夕,奥斯曼帝国的法律体系是一个涵盖了伊斯兰法律、奥斯曼帝国法律和法国法律的混合法律体系;其司法系统亦是如此,它包括伊斯兰宗教法院、源自法国的世俗法院、基督教和犹太教的宗教法院以及当时西方各大国的领事法院。

(二)英国委任统治时期

1917年5月,英军占领了巴勒斯坦。根据英法两国在1916年秘密签订的《赛克斯-皮科协定》,中东被一分为二,英国获得了今伊拉克、约旦和以色列的大部分领土,而法国则获得了今叙利亚和黎巴嫩的大部分地区。1919年召开的巴黎和会以及次年在意大利圣雷莫召开的协约国高层会议确立了英法对上述地区的委任统治地位。1920年4月6日,英国任命犹太复国主义者赫伯特·塞缪尔为第一任英国驻巴勒斯坦高级专员,并撤销了在当地的临时军政机构,代之以民政管理机构。随后,英国委任统治当局设立了三个部门,即由高级专员领导的行政部门、由10名官员和12名民选成员组成的立法部门,另外还包括司法部门。

英国委任统治时期的治安法院是巴勒斯坦司法系统的最低一级法

赫伯特·塞缪尔(中间坐者)与耶路撒冷基督教会领袖等人

院，再往上是地区法院，作为治安法院的上诉法院。来自最高法院的案件可以上诉到设在伦敦枢密院的司法委员会。英国人废除了享有治外法权的领事法庭。然而，根据国际联盟规定，巴勒斯坦法院保留了奥斯曼法院的部分体制，这意味着维持了宗教法庭的部分管辖权。1922年英国委任统治当局颁布了一项法令，认定奥斯曼法仍具有效力。与此同时，英国也将用于英联邦和殖民地的普通法（Common Law）带

英国委任统治当局在巴勒斯坦发行的邮票

到了巴勒斯坦。普通法属于海洋法系，发端于英格兰，其最重要的特点就是判例法，即根据历史上的判决先例，而不是以书面法律条例为依据，从而在习惯法的基础上最终形成适用于整个社会的法律体系。

委任统治期间，英国主要通过三种途径来影响巴勒斯坦的法律：第一种途径是为巴勒斯坦制定法律，在耶路撒冷通过《巴勒斯坦管理条例》，在伦敦由殖民部发布，并由国王签署关于巴勒斯坦事务的议会法令；第二种途径是填补巴勒斯坦法律中的空白；第三种途径是解释根据英国法律而为巴勒斯坦制定的法令。

在英国委任统治之初，巴勒斯坦的立法实践主要涉及与政府有直接利益关联的领域，如税收和关税、货币、法院的运作、圣地和考古遗址等。此后的第二次大规模立法在20世纪20年代末到30年代初达到高潮，主要是商业立法，涉及版权、专利、公司、合伙企业、汇票、海事商业、破产等。这些条例中有许多是以英国立法为基础，少数遵行了国际公约的基本精神。到20世纪30年代，由于阿拉伯人、犹太人和英国人三方关系日益紧张，巴勒斯坦法律的英国化进程也受到了影响。从整体上看，到英国委任统治末期，一些重要的法律领域，如合同法和土地法，仍然以奥斯曼法为基础。然而，在英国

英国委任统治时期当局给当地巴勒斯坦人颁发的护照

委任统治的三十年里,许多其他法律领域却发生了巨大变化。整体来看,巴勒斯坦法律体系是大量英国法律、少量法国法律和以伊斯兰教法为基础的奥斯曼法律的混合体。

在以色列今天的法律体系中,既能看到古老的奥斯曼帝国法律的影子,也能找到英国法律的传统。在以色列建国前的巴勒斯坦,奥斯曼法律体系是近代初期影响当地最大的法律体系。以色列建国后,奥斯曼法律仍然在以色列法律体系中占有重要地位。不过,随着时间的推移,奥斯曼法律几乎完全从以色列法律中消失了。但是,奥斯曼法律确立的宗教团体在大多数家庭事务上的法律自主权这一传统仍然被保留了下来。而英国法律对以色列法律体系的影响要深远得多。在以色列独立后很长一段时间,英国普通法仍然在这个国家起着重要作用。在很多方面,以色列的法制结构和宪法原则都应归功于英国的法律遗产。长期实行普通法导致以色列的法律体系与英美国家的法律有许多相似之处。

迎来新时代：建国后的法制建设

1947年11月29日，新成立的国际组织联合国宣布终止英国委任统治，并将巴勒斯坦划分为一个阿拉伯人的国家和一个犹太人的国家。分治决议要求这两个国家各自通过一部宪法，以保障其境内少数族裔的权利。分治决议得到了巴勒斯坦犹太人的支持，但遭到了阿拉伯人的强烈反对。在接下来的几个月里，巴勒斯坦局势迅速恶化，阿拉伯人和犹太人之间陷入了全面内战。

此时，犹太人已做好了独立的准备，这其中也包括建立自己独立的法律体制。但是，立法工作从一开始并未得到充分准备，而与阿拉伯人的战争也影响了立法进程。到英国委任统治结束时，以色列政府也没有真正意义上的法律来替代原有的英国法律及其司法机构，也没有起草宪法。在宣布独立的前两周，犹太律师和政治家起草了一份《独立宣言》，由巴勒斯坦犹太社团领袖大卫·本－古里安进行了最后的修改，最终在5月14日宣布犹太人建立的以色列国正式成立。《独立宣言》宣称以色列建国是基于历史权利、民族自决权和联合国的分治决议，具备自身的合法性；另外，包括阿拉伯公民在内的以色列所有公民，都享有广泛权利。

很快，1948年5月19日，《法律和行政条例》成为以色列的第一部立法。它实际上是一部小型宪法，确立了立法、行政和司法上的基本架构。该法令还规定，在独立前夕生效的法律将继续有效，但须根据独立的要求作出修改，修改内容包括废除基于英国委任统治当局所发布的《白皮书》对犹太人移民和购买土地而施加的任何限制，以及授予英国的任何特权和与英国的特殊关系。由于此时正处于第一次阿以战争期间，该法令还授权民政部门在紧急情况下发布紧急法令。整体上看，由于立法上的滞后以及与英国的特殊联系，以色列建国初期的法律是英国法和奥斯曼法的混合法律。

以色列之所以保留了英国委任统治时期所颁布的法律的有效性，有两个方面的原因。一方面，在英国委任统治的三十年中，在耶路撒冷和英国接受法律教育的律师反对对现行法律进行修改。另一方面，尽管巴勒斯坦犹太人认为英国背弃了他们在《贝尔福宣言》中关于建立犹太民族家园的承诺，并在委任统治的最后几年与英国发生了激烈冲突，而且一些犹太领袖认为新的犹太国家的法律应以犹太法为基础，但仍然选择继续执行委任统治时期法律的主要原因是缺乏现成的替代法律。

虽然《联合国分治决议》和《以色列独立宣言》要求在1948年10月1日之前起草一部宪法，但这一要求一直未能实现。1949年1月，以色列在第一次全国大选后成立了制宪会议（Constituent Assembly），制宪会议就宪法制定进行了大约一年半的辩论。但随后，辩论进入了死胡同，制宪会议也改组为第一议会，并在哈拉里决议中将起草成文宪法改为由议会渐进起草基本法。

以色列在建国初期没有像承诺的那样颁布一部宪法有四个因素。第一，本－古里安不希望自己作为总理的权力受到限制。第二，犹太宗教党派反对任何形式的世俗宪法。第三，在许多犹太人仍然流散在外、大规模移民以色列的浪潮才刚刚开始的时候，以色列领导层不愿起草一部宪法。第四，以色列的政治领袖和法律界精英受英国影响较深，所以倾向于英国议会至上的国家运转模式，而不是美国宪法至上的精神。

虽然以色列从未颁布宪法，但事实上，以色列在建国初期却建立了一套英国模式的宪法体系。在这种模式下，国家机构逐步建立：议会、总统、军队和选举制度是在1948—1950年确立的，其基本架构直到今天仍然存在。在独立后的第一个十年，以色列还制定了一部权利法案。这项法案规定了民众享有的言论和职业自由权利，并提出了法治的基本概念。

1958年，以色列制定了第一部关于议会的组成和职能的基本法。1958—1988年，以色列议会共通过了9部基本法以决定国家的运作形式。1992年后，以色列议会相继通过了《基本法：人的尊严与自由》、《基本法：职业自由》。这是以色列历史上第一次颁布保护个人权利的基本法。1992年，以色列最高法院通过所谓的"宪法改革"，赋予了以色列基本法以宪法地位，确认了基本法相对于常规议会立法的优先权，并引入了司法审查立法，以色列由此开始从不成文的英国宪法模式走向成文的美国宪法模式。

实际上，从20世纪70年代至80、90年代，美国法律对以色列法律的影响就在逐渐增强。以色列国内的法律教育变得更加美国化，这表现在课程设置、大量青年学生进入美国顶尖法学院攻读博士学位以及在美国顶级法学期刊上发表学术成果等方面。美国影响不断增强的另一个重要表现是，以色列最高法院引用美国法律规范和司法案例的数量和比重都有所增加。此外，以色列在公司和版权等领域的立法也受到美国法律的影响。近年来，以色列法律还日益受到加拿大法律的影响。

此外，德国的法律对以色列的民法典编纂产生了重要影响。以色列建国初期，在政府部门中有许多德国犹太移民，他们认为立法和法典编纂是任何法律体系的核心要务，也希望遵照大陆法系传统。于是，以色列司法部成立了一个法律规划部，由曾在柏林学习的德国犹太人

1978年，以色列著名法学家、律师和法官阿龙·巴拉克与时任以色列总理梅纳赫姆·贝京、埃及总统安瓦尔·萨达特等会面。

尤里·亚丁领导。司法部计划在德国民法典的基础上制定一套以色列的民法典。不过，由于以色列建国初期百废待兴，第一次阿以战争遗留问题、大规模移民涌入以及经济危机等问题十分棘手，所以民法典编纂在20世纪50年代没有取得较大进展。到了60、70年代，以色列民法典的编纂才迎来突破，其间颁布了大约20部民法领域的新法律。最初的法典主要涉及法人资格、监护人责任和财产继承等问题，其整体架构与德国民法典相似，起草者所坚持的法理和解释方法也来自德国。到了70年代中期，一些新制定的民法如合同法不再以伊斯兰教法和奥斯曼法为基础，而是以德国法为蓝本，从而使旧的民事立法，同时也使奥斯曼法形同摆设，直到1984年被彻底废除。

  总的来说，以色列的法律融合了犹太教传统律法、奥斯曼帝国法律和英国普通法，并受到美国、加拿大和德国法律的影响，是多种法系的混合法律体系。这种法律体系是以色列国家和犹太民族历史发展的产物，体现了犹太人立足自身、守正创新和兼收并蓄的民族性格。

第二章
以色列主要法律纵览

有实无名的宪法：《基本法》

（一）概述

与许多其他国家不同，以色列没有宪法。在以色列，《基本法》起着宪法的作用，它决定了国家的政府系统以及管理和组织的方式；它还确定了公民的权利和义务，形成了公民与政府之间的关系；并确定了通过立法、判断和制定政策的准则和指导方针。

自以色列建国以来，赞成制定宪法的人和认为宪法没有必要的人之间就存在分歧。起草宪法所面临的困难来自对以色列国作为一个犹太和民主国家的性质的不同看法。

许多人把以色列的《独立宣言》，即正式的《以色列建国宣言》看作一份声明以色列国政府基本原则的文件。以色列政府认为《独立宣言》具有重大的伦理和法律意义，并以此指导他们的工作。1992年，《基本法：人类尊严与自由》和《基本法：职业自由》的通过，进一步证明了《独立宣言》是基本法制定的蓝本，因为这两部基本法都提到了《独立宣言》，从而强化了《独立宣言》的法律地位。

起草《独立宣言》的人希望以色列有一部宪法。宣言声明，应不迟于1948年10月1日由选举产生的制宪会议通过宪法来规定国家的

大卫·本－古里安（中间站者）宣布以色列独立

权力机构组成。因此，在以色列建国前几天，临时国务委员会设立了一个宪法委员会，由泽拉赫·瓦哈夫蒂格博士领导，其任务是编写宪法草案供将来的制宪大会审议。然而，考虑到这个新国家和它的阿拉伯邻国之间的战争，《独立宣言》中设定的最后期限被证明是不现实的。而且，随着1949年1月制宪会议选举的临近，委员会内部出现了关于通过宪法的分歧。最后，少数派反对立即通过宪法的意见被接受，制宪会议也被重新命名为第一议会。

随后，制宪会议的权力被移交给第一议会和其后的议会。因此，以色列议会有权颁布具有宪法性质的法律。第一议会就通过宪法的问题进行了多次辩论。在审议过程中，宪法的支持者强调，这样一份文件将对国家的所有机构，包括立法部门具有约束力，并将作为今后立法的基础。支持这一立场的人从大多数国家都有宪法出发，强调制定宪法的教育和文化价值。他们说，一部宪法将是一张名片，体现着一个国家的特性，将促进犹太移民融入以色列社会的进程，是犹太民族历史上的革命。

反对制定宪法的人认为，宪法的概念是在过去几个世纪中，在社会和经济斗争的背景下构想出来的，而这些斗争已经不复存在了。他们进一步指出，英国没有成文宪法，或许正因为如此，这个国家的法治和民主是稳固的，公民自由和那些有成文宪法的国家一样得到了坚定的维护。他们认为，《独立宣言》包含了每一部进步宪法的基本原则。

反对宪法的人提出的另一个论点是，以色列是少数犹太人的家园，因此国家没有权力通过一项对那些尚未移民以色列的犹太人具有约束力的宪法。他们进一步断言，由于以色列国家的历史和现状，所有阶层的人民很难就这个国家的特征和精神原则达成一致意见，在宪法问题上的分歧可能导致犹太宗教社会和世俗社会之间的文化战争。还有人认为，以色列国是不断变化和融合的，宪法的原则无法指导这一进程。

僵持之下，1950年6月13日，以色列议会通过了一项被称为"哈拉里提案"的折中决议，以提出该提案的进步党议员伊扎尔·哈拉里命名。根

"哈拉里提案"的提出者伊扎尔·哈拉里（1908—1978）

据这项提案，第一议会指派宪法、法律和司法委员会为国家制定拟议宪法。宪法将由几章组成，每一章构成单独的基本法。当委员会完成它的工作时，这些章节将被带到议会，所有的章节一起构成宪法。

到目前为止，以色列议会已经颁布了14项基本法，这些法律将来可能被纳入以色列国的正式成文宪法。另外还制定了两项基本法作为临时规定。这些基本法几经修改，有的甚至被替换。此外，这些基本法在地位、内容和结构上都不同于一般法律。它们旨在表达以色列作为一个犹太民主国家的价值观，并规定了政府各部门的权力及它们之间的关系等，也体现了追求保障人权和公民权利的精神。

（二）法律架构

1.《基本法：以色列议会》

该法是以色列议会通过的第一项基本法，1958年2月12日由第三届议会通过。该法规定，以色列议会驻地在耶路撒冷，议员总计120名。该法处理选举制度、选举权和被选举权、议会的任期、有关议会选举的原则、议员的职责、议员的豁免权、议会及其下属各委员

会的工作,等等。该法没有规定议会的权力。该法第4条规定,议会应由普选、全国选举、直接选举和比例选举产生,只有在61名议员过半数的情况下才能修改。第44条规定,禁止通过《紧急状态条例》修改该法,只有在80名议员的多数同意下才能修改。该法进一步规定,议会不得延长其任期,除非获得议会80名成员的多数同意。

2.《基本法:以色列土地》

该法于1960年7月25日由第四届议会通过。该法的基础是以色列人民与以色列土地之间的特殊关系。该法规定,国家拥有的土地(占以色列土地的90%左右)属于国家财产。该法禁止以出售或任何其他方式转让国家、发展局或犹太民族基金所拥有的土地的所有权,但法律规定的土地或交易类型除外。

3.《基本法:国家总统》

该法于1964年6月16日由第五届议会通过。该法规定,总统是国家的首脑,总统官邸位于耶路撒冷。它进一步指出,总统应由议会选举产生,任期七年,只担任一届。该法律还涉及总统的资格和权力,以及总统的工作程序。

4.《基本法:政府》

该法最初于1968年8月13日由第六届议会通过。1992年3月18日,第十二届议会为了改变选举制度,对原法律进行了修改,其目的是从第14届议会开始设立总理直接选举制度。该法的修订案于2001年3月7日由第十五届议会通过。该法案在第十六届议会选举当天生效,它废除了总理直选制度。该法的现行修订案规定,政府的所在地是耶路撒冷,政府因获得议会的信任而任职,并对议会负有集体责任。该法还规定了政府的组成方式和职能。该法只有经过议会多数成员的投票同意才能修改。

5.《基本法:国家经济》

该法于1975年7月21日由第八届议会通过。该法确定了征税和收费的程序,以及进行国家财产交易的准则。它还确定了制定国家预算和与预算有关的其他立法的准则,以及印刷法定纸币和铸造法定硬币的准则。

6.《基本法：军队》

该法于1976年3月31日由第八届议会通过。在这项法律通过之前，以色列国防军行动的宪法和法律基础是1948年通过的《以色列国防军条例》。该法以上述法令为依据，确定国防军是国家军队，禁止组建或维持国防军以外的武装部队。该法还涉及强制服务和征兵，以及军队中的指示和命令。它进一步指出，军队受政府的管辖，国防部长代表政府管理军队。该法确定了任命参谋长的程序。

7.《基本法：以色列首都耶路撒冷》

该法于1980年12月13日由第九届议会通过。这项法律的目的是确立耶路撒冷作为以色列首都的地位，并确保其完整和统一。它规定，耶路撒冷是以色列总统、议会、中央政府和最高法院的所在地。该法还涉及历史遗迹的地位，保障所有信教群体的权利，并宣布耶路撒冷在其发展方面将获得特殊优惠。

8.《基本法：司法机构》

该法于1984年2月28日由第十届以色列议会通过。该法确立了法院在刑事和民事诉讼程序方面的权威，以及司法的独立和司法程序的公开。它还决定了任命法官的程序。该法规定，该法具有持久性，不受紧急条例的影响。

9.《基本法：国家审计》

该法于1988年2月15日由第十二届议会通过。这项法律汇集了以前分散在其他法律中的条例，规定了国家审计长的权力、任务和职责。它还决定了国家审计长的选举方式，并规定国家审计长只对议会负责。

10.《基本法：职业自由》

1992年3月3日，第十二届议会通过了该法的原始文本。该法律的第二次修订案于1994年3月9日由第十三届议会通过。该法规定，每个公民或居民都有从事任何职业或贸易的权利，除非符合以色列国价值观并服务于适当目的的法律另有规定。该法规定，该法具有持久性，不受紧急条例的影响。在修改上，该法规定只有至少61名议员的议会多数同意才可以修改这项法律。

11.《基本法：人的尊严和自由》

该法于 1992 年 3 月 17 日由第十二届议会通过。该法规定，以色列的基本人权是建立在对人的价值、生命的神圣性和自由人身份的承认之上的。该法的目的是保护人的尊严和自由，以便将以色列作为一个犹太和民主国家的价值观锚定在一项基本法律中。

该法规定，以色列的人类自由指公民有出入境的权利，有隐私权，不得搜查一个人的私有财产、身体和其他资产。只有在法律允许的情况下，才允许侵犯人的尊严或自由。该法律规定，该法具有持久性，不受紧急条例的影响。

12.《基本法：国家预算（2009—2014）》

该法于 2009 年 4 月 7 日在第十八届议会通过。该法规定，2009—2014 年的国家预算将每两年拨出一次。这项法律的地位最终将在 2015 年 3 月选举以色列议会重组后决定。

13.《基本法：全民公决》

该法于 2014 年 3 月 12 日由第十九届以色列议会通过。这项法律要求，如果某项条约提议以色列放弃土地，特别是戈兰高地和东耶路撒冷，那么必须将该条约提交议会并至少得到 61 名议员支持，且须经全民公投同意才可生效；如果议会有至少 80 名议员支持，则无须全民公投即可生效。值得注意的是，条约中包括的土地没有提到约旦河西岸。作为先例，1978 年 9 月 29 日，以色列议会投票通过了《戴维营协议》，其中包括拆除 1982 年 4 月在西奈半岛建成的犹太定居点。

14.《基本法：以色列——犹太人的民族国家》

该法于 2018 年 7 月 19 日在第二十届议会获得通过。该法规定，以色列的土地是犹太人的历史家园；以色列国是犹太人的民族国家，犹太民族在以色列实现其自然、文化、宗教和历史的自决权；在以色列国行使民族自决权是犹太人民独有的权利。该法还涉及以色列的国家象征和官方语言、耶路撒冷的地位、以色列与犹太民族的联系以及犹太移民问题。

安全国度里的严刑峻法：刑法

（一）以色列的犯罪问题

在许多国际媒体的报道中，以色列并非安静祥和之地，那里经常发生与巴勒斯坦的冲突。以色列国内的治安又如何呢？事实上，以色列是一个非常安全的国家。

2018 年，国际著名的民意调查机构盖洛普公司咨询了 142 个国家和地区的近 15.2 万名成年人，向他们询问了四个问题：（1）在你居住的城市或地区，你对当地警察有信心吗？（2）在你居住的城市或地区，你觉得晚上独自行走安全吗？（3）在过去 12 个月内，你或其他家庭成员是否有财物被盗？（4）在过去的 12 个月里，你被袭击或抢劫过吗？

这项民意调查的目的是评估受访者在所在国家的个人安全感。结果显示，新加坡的得分最高，为 97 分，阿富汗的得分最低，为 38 分。美国以 83 分与其他几个国家并列第 13 位。以色列则以 81 分并列第 15 位。

根据 2018 年的另一项统计，以色列在被统计的 117 个国家中排名第 81 位。这项统计位次越高，安全程度越低。作为比较，美国排在第 47 位，几乎是以色列的两倍。以色列的排名低于美国、加拿大、瑞典、西班牙、法国、挪威、爱尔兰、意大利、比利时、希腊、新西兰、澳大利亚。上述这些国家普遍被认为较为安全，但从统计数据上看，其安全程度没有以色列高。

与很多国家相比，以色列的谋杀率相对较低。据以色列警方提供的数据，以色列的谋杀事件在不断减少。2015 年，每 10 万居民中有 2.4 人被杀（瑞士为 0.71 人，俄罗斯为 14.9 人，南非为 34 人，委内瑞拉为 49 人）。2018 年，共有 103 人被杀，而 2017 年为 136 人。2018 年的谋杀率为每 10 万居民中有 1.14 人被杀。2019 年，这一数字为每 10 万人中有 1.5 人被杀。尽管以色列的谋杀率近年来大幅波动，但在 2000 年至 2019 年呈下降趋势。

在以色列，枪支受到严格管控。要想拥有枪支，公民必须没有犯

以色列社会犯罪率较低,图为风景宜人的特拉维夫海滩

罪记录,而且还必须身体健康、通过武器训练课程、居住在政府认为可以拥有枪支的特定限定区域或在以色列国防军担任军官。实际上,普通以色列公民根本无法拥有枪支。此外,在以色列,取得私人持枪执照只能获得一支手枪。美国是世界上人均拥有枪支最多的国家,每100人拥有90支枪,而以色列以7.3支枪排在世界第79位。

以色列的阿拉伯人约占总人口的五分之一,但近年来,该国绝大多数谋杀事件的受害者是阿拉伯人。根据一项统计,2020年,有97名以色列阿拉伯公民被杀,而在犹太社区,这一数字不到一半。大多数受害者是年轻男子,越来越多的人卷入与非法枪支、家庭不和以及有组织团伙等有关的暴力犯罪事件中。

尽管财产犯罪在以色列较为普遍,但暴力对抗犯罪并不常见,通常严重程度有限,而且局限于特定的高犯罪率地区。在耶路撒冷老城、特拉维夫等游客密集的地方,偷窃现象较多。天黑后,犯罪事件多发于老城区和其他客流量大的旅游景点。据报道,2019年在老城区发生了许多刺伤事件,攻击者经常以警察或军事人员为目标。

车辆盗窃在以色列仍然是一个令人担忧的问题。高额的汽车进口税使得包括电动车在内的所有汽车都成为小偷的目标。在大多数情况下,地方当局不会找回被盗车辆。小偷经常把车开到邻近的国家或地方当局无法控制的地区。

（二）历史沿革

以色列刑法的主要来源是《以色列刑法典》，该法典起源于19世纪中叶奥斯曼帝国统治时期和20世纪初英国委任统治时期。

1517年，奥斯曼帝国征服了中东大部分地区，包括今以色列地区。奥斯曼帝国是一个穆斯林宗教政权，因此所有中东地区的居民都服从于伊斯兰教的刑法。这种法律状况持续了三百多年，直到19世纪中叶。为了阻止奥斯曼帝国在中东的压迫，奥斯曼帝国各地的许多居民都奋起反抗。奥斯曼政权害怕失去对中东的控制，承诺进行法律改革，改革内容之一是用现代法典取代伊斯兰教刑法。1859年，奥斯曼帝国引进了法国《1810年刑法》（即《拿破仑法典》），将其翻译为土耳其语，并做出了一些有利于伊斯兰教的修改。

奥斯曼帝国统治了四百年之后，中东在第一次世界大战中被英国和法国征服。巴勒斯坦在1917年被英国军队占领。1918年3月30日，英国军队发布了一道命令，确认奥斯曼法律的连续性，1859年颁布的《奥斯曼刑法典》仍然是刑法的最终法律依据。英国委任统治当局很少修改奥斯曼的刑法，这种法律状况一直持续到1936年12月，当时英国委任统治当局颁布了《1936年刑法条例》。该条例以19世纪英国普通法为基础，在英帝国的许多殖民地使用。《1936年刑法条例》部分取代了奥斯曼刑法。

在以色列独立战争期间，以色列颁布了一项法令，规定了英国委任统治时期法律的连续性，直到具体修改为止。因此，即使在以色列建国后，《1936年刑法条例》仍然适用，以色列议会对该法令进行了一些修改，以适应新的需要。1977年，以色列议会将1936年的《刑法条例》翻译为希伯来文，增加了修正案，并将其重新命名为《以色列刑法典》。1977年的《以色列刑法典》中原先包括的具体罪行没有改变。这部刑法典是以色列刑法的主要来源。1995年以后，主要针对具体的罪行部分，议会对法典进行了具体的修改。

(三)刑法原则

1. 法不溯及既往原则

法不溯及既往原则是指新的刑事法律生效后,对新的法律生效以前发生的未经审判或者判决未确定的行为是否适用的问题,如果适用,新的刑法就具有溯及力;如果不适用,新的刑法就不具有溯及力。以色列刑法一般不具有溯及力,除非被告依据后来制定的法律所受到的刑罚更轻或不构成犯罪。不具有溯及力的情况有两个例外:一个是限时犯罪,它针对特定时期或特定时间,例如,为了某项重大活动的举办,有针对性地制定了一些犯罪条例,此种规定就具有溯及力;另一个例外是对纳粹战犯进行惩罚的法律。早在1950年,以色列议会就通过了惩处纳粹的法律。虽然纳粹对犹太人实施的罪行早于该项立法,但由于这些罪行具有特殊性,这一例外可以理解。

2. 属地管辖和属人管辖

在以色列,属地管辖的范围包括:实施或计划犯罪的全部或部分行为发生在以色列境内。属人管辖规定,以色列对居住在国外的以色列公民的犯罪可以管辖,但要遵循双重犯罪原则,即该行为对以色列和居住国的法律而言都属于犯罪。例如,在以色列进行赌博和吸毒行为属于犯罪,但在中国却不属于犯罪。因此,如果一个以色列人在中国实行上述行为,并不会在以色列受到刑事处罚。此外,以色列刑法中还设立了保护管辖条款,将管辖范围扩大至非以色列公民在他国实行针对以色列的罪行。然而,以色列刑法中的保护管辖条款的独特性在于,它将这种管辖扩展至涉及仇恨或反犹的言论,如针对以色列公民或犹太人的诋毁,无论这些诋毁罪行在哪里发生或由谁实施。这一独特规定源于犹太复国主义意识形态,即以色列是全世界犹太人的避难地。

(四)犯罪的构成要件

1. 客观构成要件

以色列刑法规定,犯罪事实成立的客观构成要件包括作为和不作为。不作为的认定关系到违反法律或合同义务。一般的违反合同义务不构成犯罪，除非法律另有规定。例如，一个人看到有人落入水中而不施救，不构成犯罪，但若是一个与政府或公司签署合同的救生员则必须进行施救，否则便构成犯罪。

2. 主观构成要件

以色列刑法将主观要件分为故意和意识两种。故意比较易于理解。意识指被告对某种行为已经发现可疑状况，但没有采取任何措施而导致犯罪行为。

3. 特别责任形式

以色列刑法规定的特别责任形式为强化责任，主要适用于一些较为轻微的罪名。强化责任是一种软化的严格责任，需要行为人的主观心态作为定罪的基础，但在责任证明上采取了倒置，即检察官不需要证明行为人的主观心态，但行为人可以证明自己不具有犯罪主观心态从而逃脱罪名指控。

4. 免责事由

以色列刑法规定，免除被告责任可以建立在刑法典公布的抗辩事由上，包括身为未成年人（法定责任年龄为12岁）、缺乏身体控制能力、精神不健全或错乱、无意识的中毒、自我防卫需要、行为出于必要以及面临胁迫。醉酒不得作为抗辩事由，除非出于非自愿而陷入醉酒状态。

（五）量刑

以色列刑法中没有正式的法律来定义量刑的目的，只有一般的指导方针。此外，法院的判决包含了一些英美和欧洲大陆法律关于量刑的一般目标（包括惩罚、威慑、恢复和丧失能力）。以色列的刑法在一些罕见的犯罪中有强制性的处罚或最低的强制性处罚条款。法律赋予法院广泛的自由裁量权，以决定是否对特定案件实施强制处罚。因此，以色列刑法中没有真正的强制性惩罚。其原因在于，人们相信法律无法预测任何可能改变强制处罚理由的情况。事实上，以色列刑法中的强制性处罚更多是作为指导方针，而非强制手段。

以色列的量刑规则非常笼统，使法院在决定刑罚内容时具有广泛

位于特拉维夫的一处拘留所外景

的自由裁量权。以色列的大多数量刑规则是由最高法院规定的,而不是通过立法。因此,量刑应确立对被告的正当回避。公正的回避必须与被告所犯罪行的严重程度成正比。

以色列法庭可能会在判决中合并一些不同的惩罚。但是,刑罚的总和不能超过具体罪行所规定的最高量刑。为此目的,以色列立法者确定了从监禁到罚款的转换模式。例如,当具体罪行的最高惩罚是一年监禁时,法院可将其改为缴纳高达6000欧元的罚款;如果法院希望对这一罪行判处6个月的监禁,则可能会额外处以不超过3000欧元的罚款。对具体犯罪以罚款确定刑罚的,不得判处有期徒刑。

以色列法院对判决的自由裁量权是独立的和广泛的。法院不遵从控方的要求,也不遵从被告的要求。法院可以在处罚时考虑他们的请求,但并不服从于他们。即使双方都同意特定的惩罚,法院也不会服从双方的意愿。在以色列,最常见的刑罚是监禁、强制公共服务、缓刑、罚款、在闲暇时间(非工作时间或罪犯选择的时间)从事公共服务以及支付损害赔偿金。

(六)特殊犯罪

以色列刑法下的特殊犯罪分为四种不同的类型:(1)危害国家

安全的犯罪（如叛国罪、间谍罪、参与叛乱）；（2）违反公共政策的罪行（例如煽动叛乱、非法集会、严重违反公共秩序、恐吓平民、攻击友好国家、从事海盗、攻击或侮辱任何宗教、利用宗教皈依从事欺诈活动、重婚和一夫多妻、私下结婚、私下强迫离婚、暴力流氓罪、威胁、向未成年人卖酒、妨害公共秩序、污染水或空气、赌博、在审判中作伪证、影响证人作伪证）；（3）危害人体的犯罪（例如杀人、身体伤害、毒害人体、性犯罪、人身攻击、绑架、诽谤、使用禁药）；（4）财物犯罪（盗窃、抢劫、诈骗、损坏财物）。

多元社会的粘合剂：民事和商事法律

以色列是一个多元社会，不同的族群、宗教、肤色、价值观念汇集在这片仅有两万平方公里的土地上，一方面彰显着包容和活力，另一方面也充斥着对立和矛盾。然而，以色列社会总体上较为和谐，民众生活平静安宁，幸福感较高，这与以色列拥有多部成熟完备的民事和商事法律及其有效实施是分不开的。这些法律起到了社会粘合剂的作用，有效地维护了以色列社会的稳定和繁荣。这一部分，我们介绍几部较为重要的民事和商事法律。

（一）民事侵权法

当人们的人身、财产和名誉等权益受到他人侵害而蒙受损失，就需要由法院裁定，给予受害人相应的民事赔偿，这时就需要运用民事侵权法。在以色列，民事侵权法适用的情况包括：事故（无论是交通事故还是工作场所的事故）、疏忽（包括医疗事故、攻击、诽谤）、各种形式的骚扰（如气味、噪音和空气污染）以及其他形式的侵权。侵权立法可以概括为三个主要目的：第一，最大限度地减轻初始损害；第二，分配正义，以一种公正的方式分割侵权损害，使损害的成本不会只强加于一方；第三，防止二次损害的损害赔偿。

1. 历史沿革

在英国委任统治之前，奥斯曼帝国在巴勒斯坦和以色列统治时期的民事侵权法以奥斯曼法为基础。根据当时生效的《奥斯曼法典》的规定，侵权法只对财产损害提供保护，而不对人身伤害提供保护。尽管英国对巴勒斯坦实行委托统治，但直到1944年，英国委任统治当局的立法机构才决定在巴勒斯坦实行英国侵权法。1944年，英国巴勒斯坦事务高级专员颁布了《民事过错条例》，奠定了以色列侵权法的基础。在英国委任统治结束和1948年以色列建国之后，以色列临时国务会议认可了现有的立法。

1968年，以色列立法机关对最初由英国委任统治当局制定的《侵权行为法》进行了修订。修订案第1条在解释本条例时，参考了英国的法律制度。因此，新修订的《侵权行为法》与英国法律之间的联系并未断开。然而，在1980年颁布《法律基础法案》之后，在解释以色列立法时求助于英国法律的义务最终消失了。因此，《法律基础法案》为以色列原创侵权法的发展开辟了道路。事实上，到20世纪80年代初，以色列的侵权法是根据法院的原始解释发展起来的。然而，英国侵权法的影响仍然存在，在以色列法院裁决时求助于英国法律的过程中可以看到这些影响。

2. 侵权行为条例

新修订的《侵权行为条例》于1968年颁布，它是以色列侵权法的立法基石。该条例由若干主要部分组成。第一部分包括一份侵权行为清单，第二部分涉及一份抗辩清单，第三部分涉及一份救济清单。第一部分的侵权行为清单中列明了构成侵权行为而引起侵权责任的行为，这是一个封闭的侵权清单，因此，法院不能规定新的侵权行为，即使它确信在关于侵权行为认定上存在某种缺失。《侵权行为条例》涉及两种基本侵权行为：疏忽侵权行为和违反法定责任侵权行为，其可适用于未有预先定性的无数实际情况。《侵权行为条例》亦处理若干与特定行为有关的侵权行为，包括人身攻击、非法监禁、非法侵入、私人和公共妨害以及违反合约。

第二部分列出了一些对所谓责任的抗辩。与侵权行为清单相反，这一抗辩清单是公开清单，因此，人们认为法院有权将其扩展到法令所列的范围之外。例如，在原告因犯罪行为而受到伤害的情况下，被告辩称原告本身就是一名罪犯，因此无权获得救济。这种辩护主张指的是罪犯不应获得奖励，或因非法原因不应引起诉讼主张。这个抗辩没有在侵权条例中明确列出，而是由法院提出。另一个例子是共同过失抗辩，即原告应承担部分损害赔偿责任，因此，被告必须对原告所遭受的损害承担部分责任，而不是全部责任。还有一个例子是对同意者不构成侵害，根据这一原则，当伤害发生时，故意承担风险并意识到可能被伤害的受伤害者不能要求他人承担责任。

第三部分是侵权救济，法律对损害的救济主要是金钱赔偿。赔偿的目的是在侵权行为未发生的情况下使受伤者恢复原状（恢复损害赔偿）。补救措施的清单是扩展的，可以由法院决定予以增加。因此，有时法院裁定惩罚性损害赔偿，这不仅反映了对损害的赔偿，而且反映了对其行为的惩罚。关于侵权救济问题的主要经验法则是，受伤者永远不应因同一伤害获得双倍赔偿。补救办法是根据以下原则确定的：旨在弥补过去和未来的费用，如医疗费用和对其他当事人受伤的援助。除了金钱上的损害赔偿，还有旨在补偿痛苦和缩短受伤者寿命等非金钱问题上的损害赔偿。

（1）侵权诉讼事由的构成

侵权行为的诉因构成有三个基本要素：损害、过错和因果关系。刑法与侵权法的区别在于损害要件的不同。

刑法的要件是构成犯罪的风险，而侵权法的要件是损害的发生。

过失是由于作为或不作为而违反标准。

根据因果关系的性质，因果关系的要件可分为事实关系和法律因果关系两部分。根据造成损害的情形，确定损害的类别和损害者的类别。

（2）侵权责任等级

侵权行为法是以适用于当事人的若干责任类别为基础的。分类是基于被告责任，这些责任类别包括绝对责任、严格责任、增加责任、疏忽、恶意和豁免。

绝对责任注重的是结果，而不考虑过错。因此，无论过错是否被证明，都将追究责任。这是"无过失交通事故法"的概念模型。该法规定，不需要证明事故的任何一方的过失，就可以对伤者进行赔偿。

第二种责任是严格责任，它不以过失为条件，而以结果为重点。与绝对责任相反，被告可以提出多种抗辩主张，如共同过失。严格责任的一个例子是关于缺陷产品的法律规定。

第三种责任是增加责任。这种模式将责任强加于造成损害的被告。但是，他们可以通过证明自己没有过失来推翻责任义务。

第四种责任是过失责任。这是侵权法中责任的核心形式。与以意图或犯罪意图为要件的刑法不同，侵权行为法处理的是理性人自己不会做的不合理行为。在侵权行为中，理性人是指在多数案件中采取了比损害更为轻微的预防措施的人。刑法上的意图是主观要件，侵权法上的过失是客观要件，它比意图、知识或恶意更容易被证明。过失的基础是社会过错。

侵权法中的另一种责任是故意、知悉和恶意。原则上，这些概念之间的区别在法律侵权中并不具有刑法中区别的重大意义。

最后一个相对侵权责任概念是豁免。根据这一概念，公职人员和司法人员因其公务而受到侵权索赔时享有豁免权。

（3）其他侵权行为

《侵权行为条例》并不是唯一处理侵权行为的法律。有一些法律涉及具体的损害赔偿领域：第一项是1975年颁布的《道路事故受害者赔偿法》，该法规定了对在交通事故中受身体伤害的人进行赔偿的原则。该法以强制保险为基础，引入了无过错绝对责任。这种概念安排与《侵权行为条例》的方法有很大不同，因此，不同的程序规则适用于这一规则。值得注意的是，根据《侵权行为条例》，交通事故的原告不得根据《侵权行为条例》提起诉讼，除非有特殊情况。在法院提起的大多数侵权诉讼都与交通事故有关。另一项涉及损害赔偿的法律是1965年颁布的《禁止诽谤法》，它规定了界定诽谤损害的具体诉讼理由。鉴于言论自由是一项受宪法保护的权利，《禁止诽谤法》在侵权法和宪法之间提供了一种平衡关系。

另一项法律是1980年颁布的《缺陷产品责任法》，该法规定，进口商或生产商对被告进口或生产的产品造成的身体伤害负有责任。

处理环境侵权的法律，包括1961年颁布的《防止妨害法》和

1992 年颁布的《环境妨害法》。这些法律对因不同环境侵权行为而受损失的人进行司法补救。

其他法律有 1952 年颁布的关于国家民事侵权责任的法律、1964 年颁布的处理人身伤害的民事侵权赔偿法律、1999 年颁布的处理不公平贸易行为的法律（《商业侵权法》）等。

（二）合同法

1. 概述

法律合同在以色列商业文化中起着重要作用。在从事商业活动时，以色列人考虑的第一个问题是：是否存在一项有约束力的合同。如果有一个合法的合同，以色列人就觉得有义务遵守它。因此，在以色列或与以色列人建立任何商业关系之前，必须考虑以色列的合同法及其有关规定。

一般来说，以色列对合同的形式没有正式的要求。在大多数情况下，不需要书面协议，可以口头达成合同。但是，当事方之间的某些约定必须符合特殊的法律要求。如果不能满足这些要求，合同的约束力可能会失效。例如，房地产交易、赠送礼物和某些特殊约定都必须以书面形式进行。

以色列合同法也规定了某些合同订立前的义务。借用德国法律制度，以色列合同在订立前规定了诚信义务，以确保双方在正式签约之前就以诚实的方式行事。

2. 合同原则

契约自由是以色列合同法的第一个原则，也被承认为宪法原则。合同自由既适用于签订（或不签订）合同的自由，也适用于签约方塑造合同内容及其条款的自由。

合同法规定，不合法、不道德或违反公共政策的合同（执行、内容或目的）是无效的。如果该合同无效，法院可以命令任何一方作出赔偿，如果单方（全部或部分）已经履行，则法院可以命令一方根据合同条款部分或全部履行其义务。法院获准且通常倾向于将无效条款与合同的其他部分分开，并支持无异议的部分。

诚信是以色列合同法的第二个基本原则。诚信原则适用于三种情况：第一，在合同谈判中，无论合同最终是否成立；第二，履行合同，包括行使因合同而产生的权利；第三，善意行为的义务可以在必要的情况下扩展到非合同环境中的法律行为或义务。

3. 合同的订立

合同的形成受《合同法》（总则）以及一些外围法规和大量先例的制约。此外，法院对合同的形成采用了一种相当自由的方法，将重点放在当事人的语言或行为所表现出的相互意图上。

根据以色列法律，合同通常需要满足四个基本要素，包括要约、接受、确定性和意图（为了建立法律关系）。合同的形成一般不需要正式要求，如书面文件或完成合同所需的对价，特定类型的合同或领域除外。

（1）要约

任何人向另一人提出的建议，如能证明要约人有意与受要约人订立合同，并足以确定可接受该要约而订立该合同，即构成要约。要约可以向公众发出，但向公众发出的投标一般被列为要约邀请，而不是实际要约。和合同法的其他原则一样，这是一个解释的问题；在这里，谨慎的报价人在投标书中明确说明了这一点。

当要约被受要约人拒绝时，或当要约人或受要约人的投标已过一

健全的法制所造就的良好营商环境使特拉维夫成为世界著名金融中心

段合理时间时，或当要约人或受要约人去世或失去行为能力时（在公司进入破产管理或清算的情况下），要约即告终止。约定承诺期限或者提示承诺期限的要约不得撤回，在该期限届满前，受要约人可以接受或者拒绝要约。

（2）接受

只要能证明受要约人有意建立法律合同关系，或以其他方式表明受要约人的同意，就可以通过受要约人向要约人发出通知或以具体的行为方式提交合同。要约人可以限制受要约人可以采用的承诺方式，但不能确定受要约人没有作出任何答复即视为承诺的规定。这样的规定通常是无效的，除非双方事先达成了相反的协议。

（3）确定性

要约应当足够明确，使人能够接受。只要双方同意的问题已得到解决，法院通常倾向于支持要约，而不是因缺乏确定性而取消要约资格。

（4）意图

根据以色列法律，合同的本质是双方同意。法律遵循所谓的合同形成的客观原则，意图是由行为推断出来的，并由适当的语言限定。问题不在于某些当事人是否有或没有订立合同的主观意图，而在于，在特定情况下，是否通过其语言和行为将这种意图传达给一个合理的当事人。

法院采取务实的做法，在涉及合同意向的案件中，将设法从初步协议之前、期间和之后的语言和行为推断当事人的意图。根据协议备忘录履行义务是签订合同意愿的有力证据。

（5）合同形式

以色列法律对合同的形式没有一般的要求，如书面、盖章或登记，但某些类型的合同除外，其中最重要的情况有：土地交易的承诺；仲裁协议；消费者银行协议；无偿转移（礼物）的承诺。在这些情况下，书面要求必不可少，是订立有约束力的合同的一个重要条件。

一份书面文件可能作为一份普通合同的证据，也可以作为在法庭上对另一份书面文件的抗辩。这一要求不是强制性的，法院可从实际出发作出规定。电子传输一般也可以满足证据要求，尽管法院和立法机构仍要求采用"有形形式"（如计算机打印文件或可检索的存储数据）。

4. 合同的解释

以色列法院习惯上对所有法律互动和文本采用一种有目的的解释模式。对合同的解释，目的是根据当事人在合同成立时明确的共同目的，对协议进行重构。因此，以色列法院允许有关合同背景、情况和当事人在合同形成之前、期间、有时甚至形成之后的行为的解释性证据。海关、行为过程、先前的协议，甚至商法，都可以作为当事人声称的协议的证据，有时形成解释性的假定。

诚信也是一项解释性原则。因此，在重构当事人目的时，一方当事人不能因未披露根据诚信要求应披露的信息而受益。此外，以色列法律还强制执行第三方受益人合同。合同是否赋予第三方强制履行义务的权利，是根据合同解释的标准规则进行分析确定的。

（三）物权法

以色列的土地和财产法是以色列物权法的组成部分，为以色列所有形式的财产的所有权和其他对物权利提供了法律框架，包括房地产（土地）和动产。

1. 历史沿革

根据1858年颁布的《奥斯曼土地法》，巴勒斯坦的土地被分为五类，每一类都有不同的适用法律。这些土地类型是：可以购买的、属于国家所有的土地；私人所有者最多可获得持有和使用权利的土地；旨在满足公共需求的土地，如道路和市场等；远离居民区、不属于私人所有的土地；用于宗教捐赠的土地。《奥斯曼土地法》很久以前就在土耳其和奥斯曼帝国统治的其他国家被废除。然而，在以色列，尽管立法机构在1969年的土地法中作出了声明，但一些奥斯曼帝国的土地类型划分在今天仍然适用。

第一次世界大战和奥斯曼帝国解体后，英国在1917年控制了巴勒斯坦，随后在1922年由国际联盟建立了巴勒斯坦委任统治区，直到1948年以色列国成立。在此期间，委任统治政府出台了几项新的土地法，包括 1920 年的《土地转让条例》、1926 年的《更正土地登记册条例》和 1928 年的《土地清算条例》。从 1936 年开始，委任统治出台了一系列的土地法规。1940 年的《土地转让条例》将巴勒斯坦划分为不同的区域，每个区域对土地出售有不同的限制。

以色列建国后，委任统治领土归入以色列国。此外，阿拉伯难民留下的财产也进入了以色列新政府的控制范围。以色列新成立的各部、委员会和部门接管了以前由国家机构履行的职能。新国家采取的措施之一是重新启动英国在 1939 年通过的《国防紧急条例》。1960 年，根据《基本法：以色列土地》，犹太民族基金拥有的土地和政府拥有的土地被统一定义为"以色列土地"，并确立了此类土地将被出租而不能出售的原则。犹太民族基金保留了对其土地的所有权，但对犹太民族基金所属土地和政府拥有土地的管理责任被转移到了一个新成立的机构——以色列土地管理局。

截至 2007 年，1960 年成立的以色列土地管理局根据以下法律和土地政策管理以色列 19508 平方公里土地的 93%，其余 7% 的土地有的属于私人所有，有的受到宗教当局的保护：

（1）《基本法：以色列土地》（1960 年）规定，所有以色列国家拥有的土地将保持国家所有，不会出售或给予任何人，但允许以色列议会通过立法推翻私有化禁令。

（2）《以色列土地法》（1960 年），详述了基本法的几个例外情况。

（3）《以色列土地管理法》（1960 年），陈述以色列土地管理法的确立和运作细节。

（4）《以色列与世界犹太复国主义组织协定》（1960 年），据此设立犹太民族基金。

今天，以色列 13% 的土地属于犹太民族基金，由以色列土地管理局管理。在以色列使用土地通常意味着从以色列土地管理局租借 49 年或 98 年的使用期。根据以色列法律，以色列土地管理局不能将土地租给外国人，包括那些不属于以色列公民的耶路撒冷巴勒斯坦居民。实际上，如果外国人能证明自己符合《回归法》规定的犹太人身份，他们可能会获准租借土地。

2. 主要相关法律

以色列的物权法主要包括以下法规。

（1）1969年颁布的《土地法》。该法规定了关于不动产的权利、规则和条例，这些不动产包括土地、在土地上建造或种植的一切东西以及其他永久固定在土地上的东西，可分割的固定物除外。该法规定了土地的所有权和占有状况、土地登记、共同所有权、建设和种植、共同房产的规则，还规定了租赁、抵押和地役权。该法进一步设立了土地登记处，规定了土地登记和其他交易的费用，并取消或废除了有关土地的某些法律类别和奥斯曼时期的土地法。

这部《土地法》规定，土地所有权包括陆上建筑物和植物的所有权，以及有关水域、石油、矿山、矿产等地表以上整个空域的所有权。土地所有者可以要求非法占有土地的人将土地移交给合法所有者。他们也可以合理使用强制手段收回自己的土地，但必须在30天内采取行动。当一个人在他人的土地上非法建造建筑物时，土地所有者可以决定让建造者拆除或保留建筑物。如果土地所有者保留建筑结构，他们必须赔偿建造者。

以色列政府、地方当局或任何通过法律设立的政府部门拥有的土地都被认为是公共土地。储备土地是公共使用的土地，它包括海岸、港口、河流和小溪、公路和铁路、机场和其他法规规定的土地。以色列领海和湖泊下的土地是公共财产，属于国家。

（2）《基本法：以色列土地》。该法适用于以色列、犹太民族基金和开发当局拥有的土地。这些土地约占以色列领土的90%。法律规定，它们不得以出售或其他任何方式转让。

（3）《土地条例》（修正案）（1969年）。该条例适用于那些尚未经过某些核实程序的土地权利的注册，例如物权冠名和物权边界。

（4）1973年的《公寓销售法》和1974年的《公寓销售法》（对公寓购买者的投资保证）。这些法律对新建房屋的销售者规定了特殊义务，目的是加强保护公寓购买者免受承包商的侵害。

（5）1963年的土地税法（涉及增值、买卖和购买）；1968年的

19世纪末，犹太人刚发起复国主义运动来到今天的以色列时，那里还是一片荒芜之地，如今，风光秀丽的以色列已成为中东著名的旅游目的地国。图为位于海法的巴哈伊花园。

《销售法》；1971年的《动产法》；1971年的《租赁和放款法》（涉及不动产和动产的租赁）；1972年的《受保护租赁法》（适用于对商业和住宅场所的某些类型租户提供保护）；此外《基本法：人的尊严和自由》规定了一般财产权的宪法保障。

3. 主要原则

在委任统治时期，当局颁布的土地法对奥斯曼帝国的法律进行了修改，但奥斯曼帝国的法律继续适用。这些法律中的大多数在20世纪末被废除，随着时间的推移，一套现代成文法得以制定。它们大多是普通法规范的编纂，受到欧洲大陆法系的显著影响，其中最主要的是1969年颁布的《土地法》和1971年颁布的《动产法》。除此之外，最高法院和下级法院还制定了一系列非常详细的判例法。以色列物权法的一些主要原则包括如下方面：

（1）私有财产权受到强力保护，不受私人和政府的侵犯。即使因某种需要被征用，政府也必须就土地的实际价值作出补偿。

（2）托伦斯产权的广泛使用。在土地法中，存在一种产权登记制度（即托伦斯产权），它允许任何人（通常通过互联网）快速检索任何土地的所有权和其他权利的简要说明。只有签署土地合同并在土地注册处登记后，土地的合法转让才会生效。在托伦斯的物权体制下，土地注册是土地所有权的绝对保障，它使土地交易变得相对容易和安全。截至2016年，以色列约4%的土地仍在托伦斯产权出现之前的契约登记制度下进行登记。

（3）虽然土地的私人所有权很普遍（主要在城市地区），但以色列的大部分土地（超过90%）属于以色列国家、以色列发展局和犹太民族基金所有。根据1960年颁布的《基本法：以色列土地》，这三个机构拥有的土地由以色列土地管理局管理。上述土地通常租给私人，通常是长期租期，为期99年。这就造成了这样一种情况：一方面，土地是出于最实际的目的而由私人所有；另一方面，以色列土地管理局仍对公民行使相当大的管辖权力，特别是在租赁关系从一个人转让给另一个人的过程中。在与土地使用和登记有关的各种其他程序中，需要法律上的许可或以色列土地管理局的持续参与的事项。从21世纪初开始，以色列议会颁布了一些法律，鼓励在不支付额外费用的情况下，将所有权从以色列土地管理局代表的机构完全转让给承租人，从而使承租人成为业主。

（4）在以色列最常见的住房类型是普通公寓。1969年的《土地法》详细说明了这类财产的法律结构，包括承租人之间（主要涉及公共区域）和对第三方的权利。每个普通公寓都需要有一份合同文件，即章程。通常情况下，1969年《土地法》附录规定的普通章程会被使用，但许多普通公寓确实有更详细的附例，由公寓所有者达成一致。

（5）1969年的《土地法》制定了一种"封闭清单"的方法，列出了可能存在的五种土地所有权主张：所有权、租金（包括租赁）、抵押、受益使用和优先拒绝权。此外，在交易达成协议后和注册完成前，土地注册处会定期发出警告。在许多情况下，由于完成注册所遇到的各种障碍，警告书会在土地注册处保留数十年，一般认为这足以保障收购人的权益。

(四)公司法

在以色列，公司法是民法和私法的组成部分，涉及不同公司的法律地位，包括公司、管理人员、公司本身以及股东的权利和义务等。不同于民法的其他分支，如规范个人与其他人之间的关系的合同法或物权法，公司法的目的是规范公司的各种机构，如股东大会、首席执行官和董事会，以实现共同的目标，使公司能够正确地运作。公司法适用于公司的整个生命周期，即从公司成立到清算。

以色列公司法以信托法为基础，信托法的主要原则和许多规则都来自英国法律。

在以色列，有关公司法的法律架构主要基于1999年颁布的《公司法》，该法为企业实体提供了现代公司框架。与通常情况一样，以色列公司法的发展受到社会经济环境的影响。在以色列建国的最初几十年里，当经济陷入困境、资本市场缺位时，以色列的公司法也停滞不前。这一时期涉及公司法的主要立法活动包括最高法院带有开创性的若干裁决，这些裁决巩固了信托法和公司法的核心原则。目前有几百家公司在特拉维夫证券交易所上市，还有几十家以色列公司在国外（主要是美国）市场上市。

1. 公司形式

法律承认的公司形式有以下几种。有限公司是最为普遍的公司形式，是一种为商业人士服务的公司形式，它的目标是积累收益并在股东之间进行分配。相反，合作社（公司）是一种基于共同活动的公司形式，反映了一种商业行为方式，其基础是其成员的合作商业活动和社会承诺。注册社团（公司）是一种不以金钱利益为目的的公司形式，它是根据社会和文化层面的活动来分类的。

大体上看，可以根据公司的特点把它们分成若干不同类型。根据1980年的《结社法》，有些公司禁止向其成员分配股息或收益。与此相反，2000年的《公司法》规定了公司的股息分配。所有的公司都有一些特点：它们都是独立的法律实体，它们都由股东大会、董事会、首席执行官等机构管理。

2.代理问题

存在于所有公司的另一个特征是代理问题,这在公司法中有说明。其中,股东与债权人之间、债权人与管理层之间、大股东与小股东之间存在紧张关系。

公司的股东和债权人之间存在着紧张关系。股东想要分配红利,意味着钱是为了他们的利益而从公司取出的。另一方面,债权人希望将收益留在公司,这样他们就可以在固定日期获得债务支付。以色列公司法对股利分配的规定非常明确。公司董事会是负责股息分配决策的机构,并遵循法律规定的标准。

股东和公司管理层之间存在紧张关系。股东希望从公司获得股息,而管理层希望将收益再投资于公司的业务发展。此外,公司管理人员根据自己的专业知识来管理公司的事务。股东愿意付给公司经理更少的钱,这样他们就可以分配红利,而管理层希望得到尽可能高的薪水。

此外,大股东和小股东之间也存在着紧张关系。例如,当公司向控股股东出售资产或从控股股东购买资产时,这种紧张关系就会出现。

以色列是跨国公司十分青睐的投资地,图为位于佩塔提克瓦的法国著名电信设备制造商阿尔卡特朗讯公司设在以色列的分支机构。

在这种情况下,小股东关心的是交易对价的有效性。因此,公司法规定了对控股股东的特殊责任,如报告公司状况、诚信、公平、防止剥夺小股东的权利。

3. 2000 年公司法的颁布

直到 1999 年,有关公司法的中央立法是《公司条例》,该条例是根据 1929 年英国委任统治当局颁布的一部法案制定的。《公司条例》虽然被 2000 年的《公司法》所取代,但《公司条例》的部分条款仍在执行,例如有关公司清算的条款。因此,该条例继续与 2000 年的《公司法》平行适用。

随着公司法于 2000 年起施行,以色列公司法实践和公司经营的商业环境都发生了重大变化。一是《公司法》颁布后司法判决有所激增;二是《公司法》(第三修正案)的颁布;三是 2006 年颁布的《集体诉讼法》,规定了不同类型的集体诉讼,公司法下的索赔只是其中的一部分。这些都对以色列公司的发展产生了重大影响。

值得注意的是,在 2000 年《公司法》颁布后,以色列最高法院主要将美国案例视为公司法的典范,而对英国法律的借鉴则较少。美国在这一领域的主要法律模式来自特拉华州,它是美国第一个颁布公司法的司法管辖区。此外,特拉华州有一个商业法庭,法官的身份是多元的,包括从业人员、学者等。事实上,以色列已经根据特拉华州的实践特点,在特拉维夫地区法院设立了一个部门。该部门是一个专门研究公司法的法庭,有三名法官。这些法官处理所有与公司法有关的纠纷以及与证券和交易所相关的问题。近年来,求助于特拉华州法律进行比较分析的情形在以色列越来越多。

(五)劳动法

以色列的劳动法为在以色列的工人提供了许多保护。以色列劳动法受《基本法》《工作时间和休息时间法》以及其他各种法律和法规的管制。以色列的就业关系受到若干方面的制约,包括《基本法》所确定的宪法权利、法律法规规定的法定权利、集体协议规定的权利以及个人劳动合同。这些法律来源由以色列国家劳工法院解释,该法院是制定劳动和社会保障法律的主要司法机构。以色列也采用国际标准，特别是国际劳工组织公约和欧盟标准，后两者也被政府和法院用作指导方针，尽管并无约束力。

1. 雇佣合同

（1）概况

在以色列，没有关于个别劳动合同的劳动法，因此，1973年颁布的《合同法》适用于一般合同。劳动合同可以是书面的，也可以是口头的。最高法院认为，雇主不能单方面改变雇佣合同的重要条款和条件。

（2）固定和无固定期限的雇佣合同

劳动合同可以是固定期限，也可以是无限制期限。如果雇佣合同规定了固定的雇佣期限，合同关系在这一期限结束时自动终止，而不被视为辞职或解雇。

没有规定固定期限的劳动合同被认为是无限期限的劳动合同，但可以通过任何一方的通知终止。但是，在有组织的劳动力部门，给予工人任期的集体协议限制了雇主解除和终止雇佣合同的能力。对终止个人劳动合同的其他限制是，必须本着善意而不是出于歧视理由来履行合同。

（3）试用期

以色列法律不涉及个人劳动合同的试用期。但是，集体协议通常规定试用期，试用期结束后，工人获得终身聘用。试用期为6个月至5年，从而对雇主解雇工人的权力进行了限制。公务员根据政府公务员部制定的《公务员法》和《公务员制度规则》的规定，可以获得终身聘用。

用人单位根据合同约定，可以在试用期间或者合同期满后辞退劳动者。如果发生解雇不公平或者造成非正常伤害的，应该给工人发一到两个月的工资作为补偿金。

（4）暂停雇佣合同

当工人参加罢工而中止劳动合同时，雇主不需要支付工资。国家劳工法院的判决认为，当劳动合同因罢工而中止时，雇主无需支付工资。

（5）终止雇佣合同

法律禁止雇主因性别、种族、宗教、年龄、性偏好和残疾等歧视性原因解雇工人。如果一名员工在工作场所暴露了腐败，对其的解雇也是有限制的。自1954年以来，《妇女就业法》第9条禁止解雇怀孕工人。女工分娩后不久出院也受到限制。但是，法令确实允许劳工部长在确信孕妇的出院与怀孕无关的情况下允许其出院。这样的许可并不常见。

劳动合同一般允许提前通知或在合同期限结束时解雇。国家劳工法院已开始制定判例法，并强化诚信原则，认为解雇不能是任意的，雇员必须被告知解雇的理由，并给予公平的听证和申诉。当然，劳动者辞职可以解除劳动合同，但必须事先通知。劳动者退休时，也可以终止劳动合同。大多数集体协议都要求劳动者在65岁退休。

2. 保护性劳动立法

以色列独立后不久就作出了建立全面保护性法律制度的政策决定，并参照国际劳工组织和欧洲发达国家的做法，规定了强制性的最低工作条件。

保护性劳动立法有如下特点。第一，保护性劳动立法所创造的权利是强制的，工人不能放弃。因此，《最低工资法》第12条规定，集体协议和个人劳动合同可以增加劳动者的权利，但不能减少权利。国家劳工法院的判决表明，在极少数情况下，由于工人缺乏诚信，可以为取消劳动保护法的保护性条款提供理由，但只有少数法官持这种观点。第二，保护性立法既规定了民事救济，也规定了刑事处罚，因此，不符合法定要求往往被视为刑事犯罪而予以惩罚。

（1）工作时长

1951年颁布的《工作时间和休息时间法》是以色列最早的保护性立法之一。它规定了每天和每周工作的最长时间，并允许所有工人每周休息一天。从2002年开始，每周的最长工作时间为45小时，每天的最长工作时间为8小时。然而，当每周工作日从6天减少到5天时，劳动部颁布了一项规定，根据不同经济部门的情况，将每天的工作时间延长到9—10小时。犹太人的休息日是星期六（安息日），基督徒

2017年，以色列联合银行的雇员在耶路撒冷举行集会示威

是星期天，穆斯林是星期五。这项法律保证了工人每周有36小时的休息时间。禁止在休息日雇用员工，除非劳工部长出于安全和经济考虑而批准允许员工为公众利益工作。犹太工人是否可以选择自己的休息日，或者是否被禁止在犹太人的安息日工作，一直存在相当大的争议。此外，该法的一个例外条款禁止个体经营者在休息日在自己的工厂或商店工作。

当工人一天工作超过8小时即为加班，此时法律规律雇主应给予他们额外的补偿。对于安息日工作，给予工人每小时工资的150%。雇佣超过法定工作时间的人属刑事犯罪。该法律还保证工人在工作日至少有45分钟的用餐时间。该法第20条还规定有宗教信仰的雇员有短暂的祈祷时间。

（2）年假

另一个早期的保护性劳工立法是1951年颁布的《年假法》，保证工人在法律规定的时间内有带薪休假的权利。具体休假时间为：工作的前4年每年休假14天，第5年为16天，第6年18天，第7年21天；超过7年，每年增加一天，最多28天。年假日期须经用人单位批准，用人单位有权要求所有劳动者在同一时间休假。因陆军预备役职务缺勤、法定节假日、产假等，均不视为年假。该法禁止工人累积4年以上的年假，从而强制其休年假。在终止雇佣关系时，员工有权享受前4年未休年假的补偿。

（3）其他请假

1976年颁布的《病假工资法》规定，在因病缺勤的情况下，雇员可以享受带薪病假。根据该法律，雇员每个月可以享受1.5天的病假，最长不超过 90 天。这项法律并没有保证最低病假天数。在大多数情况下，集体和个人协议规定大大改善了病假福利。在病假第 4 天雇主须支付全额病假工资。在工人生病的第 2 和第 3 天，雇主支付正常工资的 37.5%，其后支付 75%。此外，雇主可以通过为雇员投保福利基金来免除支付病假工资的义务。

（4）产假和产妇保护

1954 年颁布的《妇女就业法》第 9 条禁止因怀孕而解雇怀孕工人或减少其工作时间。违反该法的解除雇佣关系是无效的，并被视为刑事犯罪。在员工休产假期间和重返工作岗位 45 天内，雇主不得解雇该员工。

该法禁止或限制雇用妇女从事可能对其健康有害的职位，其中特别关注怀孕和哺乳雇员的雇用条件。这些限制大多与接触危险化学品的工作条件有关。此外，该法第 10 条规定，雇主不得在怀孕 5 个月以后的夜班和每周休息日雇用怀孕雇员，即使在怀孕之前可以雇用此类雇员。

（5）工人年龄

青年就业受 1953 年颁布的《青年工作法》管辖，该法禁止雇用 15 岁以下的儿童。在义务教育期间，儿童只能被雇用为学徒。暑假期间，14 岁以上和 15 岁以下的少年可以受雇于要求相对较低且不会对其健康有害的工作。劳工部长可对某些类型的工作施加额外的年龄限制。

《青年工作法》规定，就业青年每周工作 40 小时（成人为 45 小时）。禁止从事夜间工作，除非得到劳工部长的批准。青年就业可享受至少 18 天的年假（成人则为 14 天）。劳动和福利部须为有工作的青年提供培训课程，且雇主有义务每周给予其一天时间参加培训，这些时间不从其月薪中扣除。雇主有义务保留所有年轻雇员的书面记录。不履行本法规定的义务属刑事犯罪。

另一项保护青年的法律是 1953 年的《学徒法》，该法律要求所有 18 岁以下的从业人员注册为学徒。每个行业都有特定的培训要求，例如强制性的学徒期培训。根据《学徒法》，雇主有义务雇用青年，直到强制性培训期结束。劳动部负责公布就业青年在学徒期间的最低工资。该法还规定了这种雇佣关系可以终止的具体情形。因此，只有在雇用的前六个星期内或经劳动部批准或雇员辞职时才能终止雇用。

3. 工作平等

根据《独立宣言》所倡导的平等精神，后来的立法禁止基于种族、宗教、性别、个人地位、婚姻状况、国籍、性取向、年龄、残疾、政治派别而进行歧视。

工作平等始于20世纪50年代初，1951年，以色列议会通过了《妇女平等权利法》，规定禁止解雇怀孕工人。修订后的该法第6条宣布，每个妇女和男子都有平等权利，包括在就业、教育、卫生、住房和社会福利等领域享有平等待遇。

1964年，以色列议会通过了《男女工人同工同酬法》，以保障男女工人能够实现同工同酬。根据这项法律审理的案件很少，1996年，它被另一项同名法律所取代。20世纪70年代中期，国家劳工法院的一项判决否决了集体协议中歧视女空乘人员的一项条款，进一步促进了妇女在工作上的平等地位。

1988年的《就业（平等机会）法》取代了1981年的《就业（平等机会）法》，禁止基于年龄、种族、宗教、个人（婚姻）状况、国籍、兵役、政治立场或性取向的歧视。禁止在雇佣、培训、解雇及遣散费和退休福利等方面歧视雇员或准雇员。该法还保障了工人在工作场所免受性骚扰。

1998年的《残疾人平等权利法》保护身体或智力残疾者的尊严和自由，确保他们平等和积极参与包括就业在内的社会生活的所有领域。该法扩大了《平等机会法》给予的保护范围。1987年的《男女工人（平等退休年龄）法》禁止在基于性别的强制退休方面进行歧视。上文提到的1951年《工作时间和休

位于提比列的一处残疾人专用停车场

息时间法》第9（c）条款禁止基于宗教理由的歧视。因宗教原因而反对在休息日工作的雇员，雇主不得歧视。2000年修订的《集体协定法》，禁止因参与或不参与工会活动或工会组织工作而造成的歧视。

1975年的《政府公司法》和《公务员制度（任用）法》都在20世纪90年代进行了修订，以允许和鼓励有利于妇女的平权行动，作为促进工作场所平等的一种手段。最高法院认为，平权行动是废除性别歧视的一种可接受的手段。2001年的修订案将平权行动扩大到了少数族裔（阿拉伯人、德鲁兹人）雇员。

最高法院和国家劳工法院都在打击工作场所的歧视和不平等方面发挥了积极作用。法院已经站出来反对基于性取向、年龄、工会参与和性别的歧视。最高法院的一项判决认为，为使男女平等而给予妇女优先权的做法是允许的，因此要求一个政府部门或一家公司须任命一名女性主管或董事。

4. 工资保障

（1）按时付薪

《一般合同法》规定用人单位必须履行劳动合同，支付约定的工资。1958年的《工资保护法》要求雇主按时支付工资。除非劳动合同规定了其他更好的条件，否则雇主有义务在月底前支付给领取月薪的雇员。小时工或周薪工人必须每两周领取一次工资。若拖欠工资一个月，除支付工资外，雇主还要支付35%的滞纳金。此外，如果由于雇主的善意错误或双方存在分歧而拖欠工资，劳工法院可以减少罚款。在什么时候可以并且应该减少处罚方面，由劳工法院裁决。

（2）对工资扣减、扣押和转移的保护

法律还保护工人不受未经工人授权或法律明确要求或允许的工资扣减。允许扣除的项目包括所得税、工会会费、中介费、劳动合同或集体协议约定的违纪罚款、欠用人单位的债务，其中欠用人单位的债务不得超过劳动期间工资的25%，终止劳动关系后可全额支付工资。

（3）最低工资

1987年的《最低工资法》规定最低工资为平均工资的47.5%，最低工资至少每年或在签订一般集体协议时更新。以色列法律对"工资"

一词没有全面的定义。判例法承认这一术语的两种拟议定义。广义的定义认为工资是任何来自雇佣关系的货币或实物补偿。狭义的定义认为工资是基本工资,不包括附加福利和额外支付。在计算最低工资时,诸如奖励性工资、年资和家庭收入的增加等额外补贴并不包括在工资中。目前,最低工资约为650美元。《最低工资法》第12条明确规定,不能放弃获得最低工资的权利。

所有年满18岁的雇员都有权享受最低工资。如果雇主不支付法定的最低工资,属于刑事犯罪。在这种情况下,劳工法院有权对拖欠工资者处以比一般拖欠工资者更高的罚款。如果雇佣双方在雇佣前没有就工资达成协议,雇主有义务支付劳工法院认为类似工作应支付的工资。但是,最低工资必须在月底前支付,否则雇主将承担不支付工资罚款的责任。最低工资水平在以色列是一个政治敏感问题。目前,以色列总工会正在争取将最低工资从目前的650美元大幅提高到1000美元,这遭到了雇主和许多经济学家的强烈反对。

(六)家庭法

以色列的家庭法受民事法和宗教法管辖,由民事法庭(家庭法庭)和宗教法庭共同裁决。宗教法庭是以色列官方法律体系的一部分。根据1953年颁布的《拉比法院管辖权(婚姻和离婚)法》,以色列的拉比法院对以色列犹太公民或居民的婚姻和离婚问题具有专属管辖权。在以色列,没有世俗婚姻,只有宗教婚姻。如果一对犹太夫妇寻求合法离婚,即使他们在以色列境外举行了民事婚礼,仍然需要通过拉比法院才能离婚,因为拉比法院拥有独家管辖权。

1. 历史沿革

家庭法的主要渊源是普通法和成文法。以色列的普通法起源于英国的判例法。而今天,美国的普通法具有更大的影响。以色列的成文法分为民事法和宗教法,因为以色列在宗教法院和民事法院之间维持着一种并行管辖权的制度。

宗教法庭以宗教判例为依据作出裁决,只有在民事法规有具体规定的情况下才受其约束,比如保障妇女平等权利的法律。大约80%的以色列人口是犹太人，因此婚姻法领域的绝大多数判例法和立法都与犹太法的执行有关。

宗教法有两种执行方式：每个宗教团体都有一个由国家授权的宗教法院系统。这些宗教法院只有在夫妻双方都隶属于同一宗教团体时才对已婚夫妇有管辖权。在民事法院诉讼时，这些法院适用的法律以当事人的宗教信仰为依据。

1962年的《法律能力和监护法》确定了父母和子女之间的关系。它规定，父母双方有平等的监护权，这些权利包括教育、卫生、福利和居住地问题。1959年的《家庭修正（抚养）法》确立了向未满18岁的未成年子女支付抚养费义务的法律基础。

1995年的《家庭法院法》建立了一个具有广泛管辖权的民事家庭法院制度。根据该法，所有涉及家庭成员的事情，从遗嘱认证到商业纠纷，即使与婚姻案件无关，也要在家庭法院上进行诉讼。家庭法院的所有诉讼都是不公开进行的，除非双方同意或法院同意，否则即使是直系亲属也不能参加听证会。

2. 管辖权

（1）管辖权归属

《拉比法院法》规定，有关犹太配偶之间婚姻问题的申请由拉比法院独家管辖。附属于离婚的事项属于民事法院和宗教法院共同管辖。因此，财产分割、子女监护权、配偶和子女抚养费可以由两种不同的法律制度中的任何一种来裁决。管辖权是根据谁首先提出申诉来决定的，首先提出申诉的一方即是决定管辖权的一方。

宗教法院和民事法院是平行存在的，包括不同的上诉级别。然而，以色列最高法院可以废除最高宗教法院的裁决。当宗教法院超出其管辖权或偏离正义精神时，以色列最高法院被授予作为衡平法法院行使其管辖权的权力。此外，如果宗教法院不遵守特别约束它们的法律，最高法院也可以进行调解。

最高法院还认为，宗教法院虽然一般不受民法的约束，但必须执行某些法律。例如，当宗教法院决定婚姻财产分配时，必须执行《平等保护妇女法》。最高法院还认为，没有母亲的明确同意，拉比法院不能决定子女抚养问题,即使它已获得初步管辖权。

拉比法院对任何一对犹太夫妇都有管辖权,只要他们中的一方是以色列公民,且无论他们居住在哪里。拉比法院拥有如此广泛的司法权,是因为遵守宗教规定的犹太人再婚时需要通过一项离婚法案。

在民事法院审理离婚事宜,并无特别的司法管辖权要求,双方都是以色列居民即可。民事离婚诉讼只能在当事人隶属于不同的宗教团体或不隶属于任何认可的宗教团体的情况下进行。

(2)财产

任何一方都可以在民事法院或宗教法院提起财产诉讼,财产诉讼可以在提出离婚前开始。但是,法院裁定的财产分割只能在解除婚姻关系或有关婚姻财产的诉讼开始后12个月才可进行。

(3)监护人责任

1962年的《法律行为能力和监护法》规定,父母双方都是子女的平等监护人。这适用于父母是否结婚。法院对此的解释是,父母双方都有平等的权利决定有关子女健康、教育和福利的重大问题。如果父母不同意,法院有权作出决定,通常是在收到社会服务机构的报告或由法院指定的专家进行心理评估后。

这项法律提出了一个合法推定,即母亲拥有孩子6岁之前的监护权。在父母双方被认为同等适合拥有监护权的情况下,假定母亲更有资格获得监护权。如果证明这并不符合孩子的最佳利益,则可以推翻这种假设。

(4)子女

关于子女的法案受《法律行为能力和监护法》(1962年)制约。以色列的所有法院在必要时都有权对未成年儿童采取任何行动,这使得法院在涉及未成年人的问题上拥有广泛的管辖权,即使父母之间没有其他悬而未决的诉讼。

3. 婚前和婚后协议以及婚姻财产制度

(1)协议约束力

1973年的《配偶财产关系法》授权双方签署婚前协议。根据《配偶财产关系法》,未经批准的婚前协议是无效的。然而,法院承认未

以色列犹太人的婚姻带有浓郁的宗教意味。图为特拉维夫的一对犹太新人在拉比的主持下举行婚礼。

经批准的婚前协议在合同法下是有效的。婚前协议可以在结婚前由以下机构批准：家庭法院、宗教法院、受权主持婚礼的人、公证处。

双方必须出席并同意上述所有程序。婚前协议也可以在结婚后签署，但只能由法院批准。虽然批准仍然是首选的方法，但尚未批准的婚前协议可能仍然有效。

（2）离婚理由

拉比法院上离婚的理由较为单一。除非经同意离婚，申请人必须证明存在下列一种或多种情况：配偶有通奸行为、结婚十年后不能怀孕、持续虐待配偶、拒绝履行配偶义务。

如果双方在婚前协议中同意应要求离婚，则该协议是不可强制执行的。宗教离婚法案必须由丈夫自愿同意，并由妻子自愿接受。如果丈夫拒绝离婚，而妻子不能提供离婚的理由，那么妻子仍将无限期保持婚姻关系。如果丈夫想要离婚，但不能提供反对妻子的诉讼理由，他可以寻求再婚的特别豁免。这需要得到100名拉比的批准，而且很少得到批准。

（3）离婚程序

如果家庭法院对离婚有管辖权，那么任何一方都可以提出解除婚姻关系的请求。家庭法院将向任何有关宗教法院征求意见，例如一方是犹太人，另一方是穆斯林，以确定宗教法院是否声称对离婚有管辖权。如果没有宗教法院要求管辖权，家庭法院将解除婚姻关系，除非它认为有充分的理由不这样做。在大多数情况下，无需进一步的诉讼程序，婚姻就会被解除。根据宗教法院的反应，这一程序平均可能需要3至6个月。

如果一个宗教法院声称它有管辖权，这就是很少见的，管辖权的最终仲裁者是作为衡平法院的最高法院。

如果双方都是犹太人，则拉比法院拥有管辖权。任何一方都可以提出离婚诉讼，诉讼可能包括或不包括与离婚有关的问题，例如监护权和财产问题。颁发离婚判决书没有时间表。在没有具体离婚理由的情况下，法院决定是否有和解的机会。如果法院认为和解是不可能的，就会做出判决，敦促双方离婚。

如果该决定没有得到执行，就可以发布一个更有说服力的决定，要求当事人离婚。由于双方都必须自愿执行离婚协议，因此诉讼可能会持续数年而不会导致离婚。然而，一旦法院发布命令，要求双方离婚，法院就可以对不遵守协议的一方实施制裁。这些制裁包括丧失银行特权、驾照、护照和其他由国家颁发的执照。最终，不服从法院命令的一方可能会因为拒绝服从而入狱。

（4）无效婚姻

如果证明婚姻关系存在欺骗，或者存在严重的身体损伤影响婚姻，拉比法院可以宣布婚姻无效。要宣告婚姻无效，索偿人必须证明配偶的陈述中存在欺诈或欺骗行为，或在实现婚姻期望方面存在障碍。例如，如果一方精神不稳定或不能生育，而他们的伴侣希望成为父亲或母亲，这可能成为婚姻无效的理由。

（七）环境法

以色列地狭人稠，自然资源相对较少，且人口增长快，所以极易受到环境问题的影响。这些问题包括水资源短缺和污染、死海面积减少、废物垃圾大量产生、空气污染和人口密度过大等。因此，数十年来，以色列大力发展海水淡化、滴灌等先进的资源利用技术，以减少对环境的破坏。此外，以色列是几项有关空气污染和气候变化的国际协议的缔约国，这些国际协议包括《京都议定书》《联合国气候变化框架公约》和《蒙特利尔议定书》等。

近几十年来，以色列就环境的可持续发展问题制定了一系列相关法律。以色列广泛的环境立法使用各种形式的立法工具，包括法律法规、行政命令和附则等。这些法律法规适用于保护自然（空气、水和土壤）、减轻和预防环境危害（空气、噪音、水和海洋污染）以及安全处理污染物（危险材料、辐射、固体和液体废物）等。

以色列主要的环境法律包括：

（1）《维持清洁法》

该法案于1984年颁布，它规定，人们不应在公共空间处置垃圾，也不应将垃圾从公共空间运往私人空间。垃圾处理场所由地方政府负责……和清洁、防止垃圾倾倒以及确保完成垃圾处理。

在《维持清洁法》颁布十年之后，1993年以色列又颁布了《回收法》，该法要求地方政府在各自管辖区域专门划拨土地用以建立垃圾处理和回收中心，并在那里配置相应的设施。《回收法》规定，地方政府应制定各自管辖区域内关于垃圾处理和回收的规章制度。此外，《回收法》规定，每个住宅或企业的业主有义务安装和维护回收设施，还规定应避免未分类的垃圾进入回收设施。

在1998年颁布的一项法规要求各有关部门报告其管辖区域内产生的垃圾数量，以便为未来几年的回收制定有约束力的目标。

（2）《押金法》

1999年通过的《押金法》规定，该国销售的每一瓶饮料都要在瓶身显要位置注明一种为环保目的的押金金额，当消费者将使用后的瓶子送交回收后，押金将退回给消费者。此外还规定，制造商和进口商必须每年回收至少90%的塑料瓶和塑料容器。最初，只允许回收100毫升至1.5升的塑料瓶。现在，该法允许回收的范围已经扩大到包括5升的塑料容器。立法者希望看到公共场所的清洁状况得到改善，同时减少埋在地下的垃圾，增加回收利用。

（3）回收法律

2007年颁布的《轮胎回收法》旨在防止未经处理的废轮胎造成环境危害。同年，该法增加了清洁条款，要求对垃圾填埋场征税，使回收变得更为经济，征收的税款直接转移到维持清洁基金。

以色列对环境的保护力度较大，图为当地儿童在进行植树活动。

2011年制定的《包装处理条例》规定，制造商和进口商必须每年报告销售的包装产品的重量，以鼓励包装的回收利用。2020年通过的《包装法》规定，包装垃圾填埋将完全停止。

2012年，又颁布了另一项环境法，规范了对废旧电池和电子设备的管理，以促进其再利用和防止垃圾填埋，以减少对环境和居民健康的负面影响。

其他法律法规有：

《公共卫生条例》规定，以色列卫生部有管制公众卫生以及预防和消除各种环境公害及各种昆虫传播疾病的权力。卫生部的检查系统有权在责任方不遵守"清除公害条例"的情况下采取必要的行动。

《消除环境公害法》是控制空气质量、气味和噪音的主要法律。该法规定，从任何来源制造任何导致公害的噪音或空气污染（包括气味）属于违法。根据这项法律，环保部部长被授权发布公害清除令，如果不遵守，则可以清除公害，并向责任人收取双倍的费用。根据该法，支付的所有款项和罚款均移交给根据《维持清洁法》设立的公共卫生基金。

《植物保护法》授权农业部长在与一个跨学科咨询委员会协商后，管理农药、化肥和其他材料的进口、销售、分销和包装。该法授权农业部长管制农药的使用，并要求使用者须获得使用许可证；农业部长颁布农药安全使用条例，禁止或限制使用被认为对人类健康和环境有害的农药。

除了特定环境问题的法律和法规，以色列的一些环境立法在其他领域的法律中也有体现。

《商业许可证法》授权内政部长规范企业资质，以确保企业具备适当的环境条件，这些条件包括适当的卫生条件、营业场所内或附近人员的安全保障、防止农药、化肥或医药对水资源的污染。企业营业执照由内政部通过地方当局与环境部、公安部、福利和社会事务部、农业部和卫生部等有关部委协商后颁发。该法还为关闭不遵守环保要求的企业提供了行政和司法权力。

《信息自由法》确保公开获取公共信息。该法允许个人和公共组织向公共当局申请接收信息。2005年对《信息自由法》的修正案特别涉及与公共健康有关的环境信息的公布，包括排放到环境中的垃圾和污染物数据以及对噪音、气味和辐射的测量结果。该法旨在通过在网站上公布和其他公开方式，使储存于政府机构的环境信息能够更容易获取，并减少申请和收费环节。

《规划和建筑法》管理以色列所有建筑和土地使用。该法规定了负责土地使用规划的（国家、地区和地方）规划机构的等级制度，并考虑到了土地使用和规划所造成的所有潜在的影响，包括环境影响。该法规定了公众知情和参与程序，公共机构和个人可自由审查提交给地区和地方规划当局的计划，并可在任何给定计划的提交期间提出反对意见。该法还规定了异议被驳回时的上诉程序。

彰显犹太特质的立法：其他法律

以色列是一个以犹太人为主体的国家，且致力于维护这个国家的犹太性，因此以色列的立法也往往有明显的倾向，即捍卫犹太人的利益。不难发现，前文所叙述的那些法律中就包含很多此类元素。在这一部分，我们专门来讲述几部完全彰显犹太特质的以色列法律，这些法律在世界上其他国家是没有的。

（一）《回归法》

1. 历史沿革和概况

1950年7月5日，以色列议会一致通过了《回归法》，赋予了犹太人移居以色列和获得以色列国籍的权利。为了体现犹太复国主义运动要求将以色列建立为一个犹太国家的基本精神，《回归法》宣称："每个犹太人都有权作为一个犹太人来到这个国家。"最初，《回归法》规定的权利只适用于犹太人。然而，由于立法者无法就谁是犹太人这一问题达成一致，所以选择随着时间的推移而自行解决该问题。因此，该法对犹太人的定义实际上遵循了犹太教律法。

根据《回归法》移民到以色列的人立即有权成为以色列公民。但是，对于根据《回归法》申请公民身份的人是否可自动登记为犹太人这一问题，出现了意见分歧。根据犹太教律法的定义，如果一个人的母亲是犹太人，或者他（她）皈依犹太教，那么他（她）就是犹太人。正统派犹太人不承认改革派或保守派犹太教的犹太人定义。然而，该法规定，无论其所属教派，任何犹太人都可以移民到以色列并申请公

犹太移民抵达本－古里安国际机场

民身份。1955年，该法稍加修改，明确规定危险的罪犯可被剥夺这项权利。

1970年，《回归法》进行了若干修订，扩大了一些非犹太人回归以色列的权利，包括：母亲或外祖母是犹太人的人、父亲或祖父是犹太人的人、皈依犹太教的人。这里的犹太教指犹太教正统派、改革派或保守派，且皈依改革派和保守派的仪式必须在以色列境外进行，类似于以色列对犹太世俗婚姻的规定。另外，根据规定，皈依其他宗教的犹太人没有资格移民以色列，尽管按照犹太教律法，他们仍然是犹太人。

以色列拉比是一个纯粹的犹太教正统派团体，在定义"谁是犹太人"方面要严格得多。这造成了一种情况，即根据《回归法》的标准有资格获得公民身份的犹太移民，却无法通过由拉比认定的犹太婚姻资格与以色列国内的犹太人结婚。

可以说，1970年的这一修订是以色列迈出的历史性的重大一步，由此，入境和定居以色列的权利扩大到有一个犹太祖父母和一个与犹太人结婚的人，无论按照正统派犹太教律法他们是否被认为是犹太人。此次修订的法律不仅授予犹太人公民身份，而且授予他们的非犹太子女、孙辈和配偶以及子女和孙辈的非犹太配偶公民身份。以色列公民身份的增加认定不仅确保了家庭不会被拆散，还保证了非犹太人在以色列能有一个安全的避风港。

自1948年以色列独立到2021年，共有334万犹太人移民到以色列。由于法律赋予犹太人的所有后代（包括孙辈）和他们的配偶以色列公民身份，在正统犹太教解释下的很多非犹太人身份的人获得了以色列公民身份。

2. 否定或拒绝公民身份的规定

根据《回归法》第2（b）条规定，以色列内政部长根据《回归法》可否定一个人获得以色列公民身份。例如，申请人被认为威胁到以色列的安全，或者有涉及严重犯罪的前科；或者可能是在另一个国家犯下重罪的逃犯（除非他们是受到迫害的受害者）；或因其疾病可能对以色列人的公共健康构成严重威胁；以及任何可能积极参与反犹活动

（例如煽动）的人。

根据《回归法》以犹太移民身份进入以色列的人，在抵达以色列当天，或在稍后的日期，将收到确认其犹太移民身份的证书。然后，这个人有三个月的时间来决定他是否希望成为以色列公民，并可以在此期间放弃以色列公民身份。

（二）《公民权法》

1952年通过的《公民权法》详细说明了一个人持有以色列国籍需要具备的条件。

1. 历史沿革

在1516年被奥斯曼帝国征服后，巴勒斯坦实行的是奥斯曼帝国的国籍法。1922年，英国获得了国际联盟对该地区进行统治的授权。当地居民表面上仍然是奥斯曼帝国的臣民，但英国委任统治当局在占领后不久就开始发放巴勒斯坦临时国籍证书。1925年的《巴勒斯坦公民法令》确认了从奥斯曼帝国公民到巴勒斯坦公民的过渡。这部法律经过多次修改，最终于1942年修订完成。这样，巴勒斯坦公民就被视为受英国保护的人，可以获得英国委任统治当局颁发的巴勒斯坦护照，在国外旅行时可以获得英国领事保护。然而，他们不是英国的公民。这种规定一直持续到1948年英国委任统治结束。

在建国后的前四年里，以色列没有公民权法。这一时期，以色列法院对英国委任统治期间颁布的巴勒斯坦公民权法的持续有效性提出了不同意见。以色列最高法院在1952年解决了这个问题，当年颁布的《公民权法》裁定，英国委任统治时期的巴勒斯坦公民不会自动成为以色列人。最终，连同1950年颁布的《回归法》，以色列的公民权政策形成了以这两项早期立法为中心的基本架构。《回归法》赋予每一个犹太人移民和定居以色列的权利，而《公民权法》详细规定了获得以色列公民身份的具体要求，并明确废除了所有之前英国颁布的有关巴勒斯坦国籍的法律。

2. 国籍的获得和注销

根据《回归法》，任何以犹太移民身份移民到以色列的犹太人自

来自北美的犹太移民抵达以色列

动成为以色列公民。在这里，犹太人指的是母亲是犹太人的人，或者是皈依犹太教且不信仰其他宗教的人。这种公民权利适用于犹太人的任何子女或孙辈，以及犹太人的配偶，或犹太人的子女或孙辈的配偶。根据这项规定，自愿皈依其他宗教的犹太人将丧失申请公民身份的权利。到 2020 年年底，以色列 21% 的犹太人口出生在海外。

在以色列领土内出生的人，如果父母中至少有一人是以色列公民，则一出生即获得公民身份。如果父母任何一方是以色列公民，那么在海外出生的子女属以色列公民后裔，但仅限于在海外出生的第一代。被收养的儿童在收养时自动获得公民身份，不论其宗教身份如何。在以色列出生、年龄在 18 岁至 21 岁、从未持有任何国籍的个人有权获得以色列公民身份，条件是他们在提出申请之前已连续在该国居住五年。

持有永久居留权的非犹太人在以色列居住至少三年之后，可以入籍成为以色列公民。此类申请人在申请时必须身在该国，且能够证明自己掌握希伯来语，有永久定居以色列的意向。上述要求也可以部分或完全作废：如果申请者在以色列国防军服役或在服兵役期间失去了孩子；申请者是入籍父母或以色列居民的未成年子女；申请者对以色列做出了非凡贡献。另外，申请者必须宣誓效忠以色列。

对于通过《回归法》而成为以色列公民的犹太移民来说，双重或多重国籍是明确规定允许的。这是为了鼓励海外的犹太人移民到以色列，同时不强迫其放弃之前的国籍。相反，非犹太申请人必须放弃原国籍才能获得公民身份。选择入籍以色列的人通常是出于就业或家庭原因，或者是东耶路撒冷和戈兰高地的永久居民。

对于那些以欺诈手段获得公民身份的人，或者那些故意损害以色列国家利益的人，其公民身份可能会被剥夺。如果一个人在成为以色列公民的三年内是根据虚假资料获得该身份的，内政部长可注销其国籍。因对国家不忠而被撤销国籍的情况极为少见，自以色列建国以来，仅出现三次因此种情况而被注销国籍的例子。另外，非法前往被正式宣布为敌国的国家（叙利亚、黎巴嫩、伊拉克和伊朗）的公民，或者从这些国家获得国籍的公民，也可能被剥夺以色列国籍。

3. 配偶如何取得国籍

如果非犹太配偶与他们的犹太配偶同时移民以色列，他们即有权获得以色列国籍。根据以色列法律，婚姻必须是有效的，一个以色列公民的伴侣才有资格在为期 4.5 年的入籍程序中获得公民身份。而同性伴侣要经过一个为期 7.5 年的更长时间的程序才能获得永久居留权，之后他们可以根据标准程序申请入籍。

2003 年，以色列议会通过的《公民权和入境法》规定，禁止来自巴勒斯坦领土的 35 岁以下的男性配偶和 25 岁以下的女性配偶取得以色列公民身份和居留权，禁止以色列公民与这两类人同居，目的是禁止巴勒斯坦人通过与以色列公民结婚来获得以色列公民身份或居留权。尽管被质疑为违宪，但这一规定在 2006 年和 2012 年得到了最高法院的支持，并继续有效。2021 年，以色列议会投票决定不延长 2003 年的这项有争议的法律，这意味着成千上万的巴勒斯坦人现在有了可能获得以色列公民身份的途径，尽管仍存在一些障碍。

4. 阿拉伯人的公民身份

在以色列建国后，巴勒斯坦的非犹太人在取得公民身份时受到了严格的居住要求。以色列的非犹太居民如果在 1948 年之前是巴勒斯坦公民，自 1949 年 2 月以来已登记为以色列居民并仍在登记，而且在申请公民身份之前未离开该国，可根据 1952 年的居住情况获得公民身份。这些要求的主要目的是在法律上将阿拉伯人排除在这个新国家之外。据统计，在 1948 年第一次阿拉伯－以色列战争期间，有 72 万巴勒斯坦阿拉伯人流离失所，在以色列建国后，只有 17 万阿拉伯人留在以色列。在 1952 年颁布《公民权法》之前，所有这些人都是无国籍的。根据居住要求，剩下的大约 90% 的阿拉伯人被禁止获得以色列公民身份，无法获得以色列国籍。

由于在第一次阿以战争期间离开了原居住地，战争后返回以色列的巴勒斯坦人不符合 1952 年法律规定的公民资格条件。这类居民可继续居住在以色列，但没有公民身份或居住身份。1960 年，以色列最高法院的一项裁决允许对居住要求进行更宽松的解释，从而在一定程度上解决了这一问题：在战争期间或之后不久获准暂时离开以色列的人，尽管居住间隔时间较长，仍有资格获得公民身份。以色列议会在 1980 年修改了《公民权法》，完全解决了这一群体的无国籍问题：1948 年以前居住在以色列的所有阿拉伯居民以及他们的子女，不论是否符合 1952 年的居住要求，都可被授予公民身份。

除了那些在约旦（包括这一时期的约旦河西岸）重新定居的人之外，逃到邻国的巴勒斯坦人在所在国没有获得公民身份，仍然无国籍。约旦河西岸的巴勒斯坦人直到 1988 年才失去约旦国籍，当时约旦宣布放弃对该地区的主权要求，并单方面切断了与该地区的所有联系。居住在西岸的巴勒斯坦人失去了约旦国籍，而居住在约旦其他地区的巴勒斯坦人则继续保有约旦国籍。

（三）《防止渗透法》

《防止渗透法》是以色列 1954 年颁布的一项法律，处理的是未经授权进入以色列的行为，这种行为被称为渗透。该法律界定了武装和非武装人员未经允许而进入以色列的罪行，并授权国防部长在罪犯被定罪前或定罪后将其驱逐出境。这项法律的主要目的是防止巴勒斯坦难民或其相同情况者进入以色列，并允许将其驱逐出境。

在 1948 年的阿以战争期间和结束后，许多巴勒斯坦人逃离家园，或被逐出家园，还有的在国内流离失所。从那以后，他们开始通过各种途径来到以色列。当时巴勒斯坦人来到以色列主要出于经济原因，越境是为了拿回在 1948 年战争中失去的财产。

在以色列建国初期，渗透者的动机是社会或经济原因。后来，以色列政府通过了一项禁止巴勒斯坦人进入以色列的法律，这样做的人被视为"渗透者"。其中大多数人是试图返回以色列境内家园的难民。他们想回到阿以战争前的家园，寻找他们失去的亲人，从被没收的土地上收割庄稼，收回土地以外的财产。还有一些贝都因人，新划定的边界对他们来说是陌生的。

阿拉伯人认为，对以色列领土的渗透是 1948 年阿以战争期间巴勒斯坦难民流离失所和权利被剥夺的直接后果。而对以色列来说，渗透是一个严重问题。为此，以色列沿着边境建立了新的定居点，并将废弃的阿拉伯村庄夷为平地。此外，以色列边境管理人员还被授权对非法越过国际停火线的人开枪射击。因为以色列领导层得出的结论是，只有报复性打击才能产生必要的威慑，从而说服阿拉伯国家停止渗透。尽管这些打击有时局限于军事目标，但仍有许多平民被杀，从而引发了争议。此外，以色列当局还不时逮捕未获得以色列国籍而留在该国的阿拉伯人，并将其驱逐。这些阿拉伯人通常会返回以色列，通过他们的亲属从以色列法院获得允许他们留在以色列的判决。

《防止渗透法》最初将黎巴嫩、埃及、叙利亚、沙特阿拉伯、约旦、伊拉克和也门认定为"敌国"。埃及和约旦分别在 1978 年和 1994 年与以色列签署和平协议后被从名单中删除，而伊朗在 1979 年伊斯兰革命后被列入名单。没有以色列内政部颁发的许可，以色列公民不得访问被认定为敌国的国家。以色列内政部长曾于 2020 年 1 月表示，以色列的穆斯林和犹太人都可以出于宗教或商业目的前往沙特阿拉伯（该国一般也禁止以色列人入境，但在特殊情况下会允许后者入境）。

2012 年 1 月 9 日通过的《防止渗透法》修订案规定，允许以色列国防军将寻求庇护者遣返回埃及，其中许多人来自达尔富尔、南苏丹和厄立特里亚。在以色列议会委员会的讨论中，难民专员办事处的一名代表强调说，如果该法不符合国际法，国际社会可以批评以色列。2013年，针对从非洲进入以色列的非法移民，该法律进行了修订，对渗透者被拘留的时间设置了限制，增加了反渗透执法人员的数量，并

位于以色列南部内格夫沙漠的一处非法移民拘留中心的入口

增加了对自愿返回本国的渗透者的补偿。尽管最高法院以涉嫌违宪推翻了该修正案，但议会决议选择无视最高法院的裁定，关押渗透者的拘留中心依旧运行。2017年通过的《防止渗透法》修正案决定增加非法滞留者在以色列的生活成本，以迫使其离开以色列。

（四）《纳粹和纳粹合作者（惩罚）法》

《纳粹和纳粹合作者（惩罚）法》在1950年由以色列第一届议会通过，其主要职能在于起诉1933—1945年在纳粹控制区迫害犹太人和其他人群的犯罪者，尤其是被控曾与纳粹合作的集中营人员和犹太区警察等犹太幸存者。该法将反人类罪、战争罪、反犹罪以及各种较轻的罪行定为犯罪。根据这项法律，1951—1972年，约有40名涉嫌与纳粹合作的犹太人受到审判，其中三分之二被判有罪。

1. 立法背景

在纳粹统治时期，希特勒及其帮凶所实施的种族灭绝夺走了欧洲600万犹太人的生命。其间，许多犹太人被关在纳粹集中营，在那里，犹太领导人和犹太警察被任命来执行纳粹的命令。当时，拒绝将其他犹太人交给纳粹可能会被判死刑，所以一些犹太人被迫将同胞送入纳粹手中。在纳粹集中营，一小部分犹太人被招募为囚犯工作人员，被称为"卡波斯"，负责监督其他囚犯和执行集中营看守的命令。并非所有管理囚犯的官员都是通敌者，有些人并未与纳粹走得太近。在当时，成为卡波斯可能意味着在暗无天日的集中营，生存机会将稍微大

一些。然而，在其他幸存者看来，这些卡波斯与纳粹一样都是刽子手，甚至认为他们比德国人更为残暴。

第二次世界大战后，一些被指控的通敌者遭到暴力对待，甚至遭到其他大屠杀幸存者的谋杀。为了维持秩

奥斯维辛集中营的大门。二战时，有大约100万犹太人在该集中营遇害。

序，战后在犹太难民营设立了"荣誉法庭"，对涉嫌通敌者进行审判。虽然一些大屠杀幸存者宁愿忘记悲惨的过往，但其他人认为，新的国家应该永远记住那些与纳粹合作的人。从1948年开始，一些大屠杀幸存者向以色列警方请愿，要求起诉纳粹合作者，但在这些案件中没有起诉的法律依据。虽然当时以色列社会对大屠杀还了解不多，但起草一部追究纳粹合作者的法律开始被提上日程。

2. 立法进程

1949年8月，以色列司法部副部长海姆·威尔肯菲尔德起草了一份《针对犹太战争罪犯法案》。1950年3月，司法部长平卡斯·罗森向以色列议会提出起诉犹太通敌者的法案，该法案后来更名为《纳粹和纳粹合作者（惩罚）法》从理论上讲，它扩大了对大屠杀作恶者和通敌者的起诉范围。罗森认为，可以根据法律所规定的罪行来起诉纳粹罪犯，所以他们可能不敢来以色列，相反，该项法律将更适用于那些身在以色列的曾为纳粹服务的犹太合作者，而不适用于纳粹分子。一些以色列议员认为，纳粹分子最终可能会被引渡或通过其他方式受到法律审判。然而，大多数人认为起诉纳粹的条款是象征性的，而不具有可操作性。

以色列议会议员讨论了对纳粹合作者的惩罚应该采取何种形式。

纳胡姆·尼尔和约纳·凯斯主张设立一个由专家组听审的荣誉法庭，法庭可能会作出道德惩罚而不是法律惩罚。但立法者希望严惩纳粹分子和纳粹合作者，也担心仅作出道德惩罚将破坏以色列法律体制，所以这项建议被拒绝了。立法者也拒绝将纳粹分子和合作者进行区分。也有不同声音认为，纳粹是杀人犯，而合作者是被迫这样做的。但这种意见属于少数，经过讨论，多数议员同意严惩那些纳粹合作者，所以，该法律的最终版本没有区分纳粹和纳粹合作者。

3. 主要规定

《纳粹和纳粹合作者（惩罚）法》第1条涉及危害人类罪、战争罪和"危害犹太民族罪"，犯下所有这些罪行的罪犯都必须被判处死刑；除非能证明符合第11（b）条规定的可减轻罪行的情况，在这种情况下，最低刑期为10年监禁。对危害人类罪和战争罪的定义与《纽伦堡宪章》的定义非常相似，只是所涵盖的时期延长到了纳粹统治初期，而不是第二次世界大战的爆发。"针对犹太人的罪行"是基于1948年《种族灭绝罪公约》的措辞。与《种族灭绝罪公约》不同，"破坏或亵渎

耶路撒冷纳粹大屠杀纪念馆内，玻璃下为死难犹太人成堆的鞋子。以色列十分重视大屠杀记忆的传承，在1953年开始建造这座纪念馆。

犹太宗教或文化遗产和价值"（即文化灭绝）和"煽动仇恨犹太人"（而非煽动种族灭绝）被列入"危害犹太民族罪"。这些罪行必须是在"敌国"（纳粹德国、德国占领的欧洲或另一个轴心国控制的地区）犯下的，才会被依法起诉。该法的实施局限于一个受害者群体（犹太人）、一个时期（1933—1945年）和一个地区（欧洲），而《种族灭绝罪公约》则普遍适用。

第2至第6条界定了免于判处死刑的罪行。第2条涉及各种"对受迫害的人所犯的罪行"。第3条宣布"敌人组织成员"为非法，其措辞与《纽伦堡宪章》针对犯罪组织的措辞相似。第4条旨在涵盖在集中营和贫民区的工作人员犯下的罪行，这些罪行不够严重，不属于第1条的规定。第5条和第6条将"将受迫害的人交给敌方政府"定为犯罪，这主要是针对当时受到纳粹控制的犹太委员会。第7条将勒索被迫害者定为犯罪，如果被告"在威胁将被迫害者或另一个被迫害者交给敌方行政当局的情况下，从被迫害者那里获得或要求得到好处；或曾庇护过受迫害的人，威胁要把他或受他庇护的人交给敌方政府"。

第10条列举了可使得被告人无罪释放的情况：如果被告人的行动是为了使自己免于立即死亡的危险，或者是为了避免更严重的后果。这种情况并不能为第1条的任何罪行或谋杀开脱。第11条列出了减轻量刑可考虑的仅有的两种情况：假设被告试图减轻罪行的后果，或犯罪的目的是避免发生更严重的后果。

第三章

以色列的主要法律机构

各民族共同的"大集会":议会

(一)概述

以色列的立法机构是议会。以色列议会在希伯来语中被称为克奈塞特(The Knesset),意为"大集会"。以色列主体人口是犹太人,所以议会中的犹太议员占多数,但同时,其他民族如阿拉伯人、德鲁兹人、贝都因人也在议会有自己的议员代表。所以说,以色列议会是以色列国内各民族共同的"大集会"。

在古代犹太历史上,克奈塞特是一个由120名犹太文士、先知和圣人组成的宗教机构。公元前5世纪,犹太人自巴比伦结束流放回到耶路撒冷后召开了第一次会议。以色列建国后成立的议会沿用了这一古代机构的名称,议员人数也是120名。但除此之外,它与古代的克奈塞特几乎没有相似之处,因为古代的克奈塞特是一个完全未经选举产生的宗教机构。另外,以色列议会的传统和运作方式受到世界犹太复国主义代表大会的影响,也受到英国委任统治时期的巴勒斯坦犹太社团代表大会的经验的影响,且在一定程度上受到英国议会程序和习惯的影响。

议会是以色列的一院制立法机构,是该国的最高权力机构。议会

2021年4月，以色列议会举行开幕式

负责通过所有法律，选举议会议员和总理，批准内阁，监督议会议员的工作，并通过其下属各个专门委员会来监督政府的工作。此外，议会选举国家审计长。它还有权剥夺议员的豁免权，解除总统和国家审计长的职务，通过不信任投票解散政府，并可在解散自身后举行新的议会选举。总理也可能解散议会。但是，在选举完成之前，以色列议会将维持其现有的权力。以色列议会本身受一项名为《基本法：以色列议会》的法律约束。在开会时，以色列议会由来自各个政党的一名议长和多名副议长主持，称为议会主席团。以色列议会在耶路撒冷的基瓦兰开会。

（二）历史沿革

1948年4月18日，为了筹备宣布新国家成立事项，成立了以色列人民委员会。5月14日，临时国务委员会成为新国家的立法机关，直到制宪会议选举。次年1月20日选举结束后，以色列议会于1949年2月14日在特拉维夫首次召开会议，取代了自1948年5月14日独立之日起成为以色列正式立法机构的临时国务委员会，并接替了在英国委任统治时期作为犹太社团代表机构的代表大会。1949年2月16日，为制定宪法而在同年1月选出的制宪会议通过了《过渡法》，并重新组建了第一议会。同一天，哈依姆·魏茨曼当选为以色列第一任总统。

1949年年底之前，以色列议会在特拉维夫博物馆、克奈塞特电影院和圣雷莫酒店举行会议。1949年12月26日，以色列议会迁至耶路撒冷乔治王街上的临时驻地，1966年8月31日迁至耶路撒冷西部的一个山顶上，作为永久驻地。议会主楼由法国犹太慈善家詹姆斯·德·罗斯柴尔德在其遗嘱中作为礼物捐赠给以色列，于1966年建成。

（三）议会组成

以色列议会下属多个专门委员会，负责对各种议题的法案进行修改。各个委员会主席由其成员选出，委员会可以选举小组委员会并下放职权，也可以就涉及一个以上委员会的问题成立联合委员会。为了进一步审议，他们会邀请政府部长、高级官员和正在讨论的问题的专家。委员会可要求任何有关部长就其职权范围内的任何事项作出解释和提供信息，部长或由其任命的人员必须提供所要求的解释或信息。

以色列议会有四种类型的委员会。常设委员会修订与其专业领域

以色列议会大楼外景

有关的拟议立法，并可正式启动立法。但是，这种立法只能涉及《基本法》和有关议会、议会选举、议员或国家审计长的法律。特别委员会的运作方式与常设委员会类似，但其任命是为了处理手头的特殊事务，可以解散或变成常设委员会。议会调查委员会由议会全体任命，处理被视为具有特殊重要性的问题。此外，还有两类委员只在需要时召开会议：解释委员会由议长和八名由内务委员会选定的成员组成，处理针对全体会议期间议长对议会议事规则或先例所作解释的上诉；公共委员会负责处理与议会相关的其他问题。

议会下属的常设委员会有：内务委员会、财政委员会、经济事务委员会、外交和国防委员会、内务和环境委员会、移民、吸收和散居侨民事务委员会、教育、文化和体育委员会、宪法、法律和司法委员会、劳工、福利和卫生委员会、科学和技术委员会、国家管理委员会、妇女地位委员会。

特别委员会有：药物滥用委员会、儿童权利委员会、外国劳工委员会、以色列中央选举委员会、公开请愿委员会。

其他的委员会有人事委员会和道德委员会。人事委员会建议每次选举后常设委员会的组成，并建议委员会主席人选，规定各政党在议会的任职安排，以及在议会大楼内为各议员和政党分配房间。道德委员会负责对违反议会道德规则或参与议会以外的非法活动的议员进行管辖。在责任框架内，道德委员会可以对议员施加各种制裁，但不允许限制议员的投票权。

（四）选举制度

根据《基本法：以色列议会》，选举应每四年举行一次，但以色列议会或总理可能试图通过《以色列议会解散法》将选举提前。如果预算法案没有通过，也可能提前举行选举。当某一议会的任期缩短时，下一议会的任期延长。

《基本法：以色列议会》第4条规定了选举的总框架，根据规定，议会选举遵循普选、全国性、直接、平等、保密和按比例选举的原则。

1. 普选。每个18岁以上的以色列公民都有选举权，每个21岁以上的以色列公民都有被选举权。那些持有某些官方立场的人，如总统、国家审计长、法官、军官和高级公务员不得参加选举，除非其在大选前 100 天辞去职务。

2. 全国性。整个以色列都是一个选区，没有分选区。

3. 直接。选民直接选举议会，而不是通过选举团（即美国总统选举惯例）。

4. 平等。所有选票的效力相等。

5. 保密。投票是秘密进行的。保密原则确保了选举的公正性，并防止对选民施加不适当的压力。

6. 比例代表。所有通过合格选举门槛的政党按照获得选票的比例来确定自己在议会中的议席数量。

议会席位是通过比例代表制方法分配给各政党的，即一个政党或选举联盟必须通过获得 3.25% 的选票，才能在议会中获得一个席位。选民选择他们支持的政党，而不是任何特定的候选人。从 1949 年到 1992 年，选举门槛设定为 1%；1992 年到 2003 年设定为 1.5%，后设定为 2%，在 2014 年 3 月为 3.25%（在第 20 届议会选举时生效）。只要超过这一门槛，即可根据得票比例获得相应数量的议席。例如，如果一个政党的名单获得 5% 的选票，该名单上的前 6 人（120 人中的 5%）将成为议员。当事政党自行决定其名单上姓名的顺序。由于门槛低，一届议会有 10 个或更多的党派。在这么多政党的情况下，一个政党或派别几乎不可能单独执政，更不用说赢得多数席位了。从来没有一个政党或派别赢得过多数票所必需的 61 个席位，每一届以色列政府都是由两个或两个以上政党组成的政党联盟所组建。

选举结束后，总统将会见每个赢得议会席位的政党的领导人，请他们建议由哪个政党的领导人组

1951 年，选民参与以色列议会选举

成政府。然后，总统提名最有可能获得议会多数支持的政党领袖（不一定是议会中最大政党的领袖）担任总理。被任命的总理有 42 天的时间来组建一个可行的联盟，然后在就职前必须赢得以色列议会的信任投票。在某些情况下，总理的任期可以超过四年。

（五）立法程序

作为立法机关，议会的主要职能是通过法律，即立法。立法可以由政府、一名或多名议会议员或议会委员会发起。可以提出一项全新的立法，也可以提出对现有法律的修正或撤销。整个立法过程都列在议会议事规则中。

法案须分几个阶段推进，称为读数。议案的每次宣读都由当时出席全体会议的议员投票通过或否决。每次宣读之后，议会委员会都会进行辩论，并会为下一阶段的立法准备法案。在通过三读后，该法案将在官方公报上公布，并成为以色列国家法律。

1. 预读

此阶段只涉及私人法案。议员或议员团向议会主席团（由议长及其代表组成）提交议案并作出解释，以获得批准。被列入议会议事日程的法案，通常在提交到全体会议进行预备审议的 45 天之前，就会被提交到议会。预读以提出法案的议员宣读开幕词开始，接着是政府的回应或其他议员的质询，最后以投票结束。如果全体会议决定将该法案从议程中删除，该法案或与该法案相同的任何一项法案将不会在接下来的六个月的预读中进行讨论。如果以色列议会批准该法案，那么该法案将被移交给一个议会委员会准备进行一读。该法案将在该次会议的正式议会记录的附录中公布。提交到议会的私人法案也将被公布在议会网站上。

2. 一读准备

如果一项私人法案在预读中获得通过，它将在议会委员会中被讨论。委员会可以决定准备将该法案进行一读，也可以将其从议程中删除。委员会邀请有关政府官员和其他人员参加讨论。委员会还会邀请财政部代表，以明确法案的预算。如果政府反对每年花费 500 万新谢克尔（以色列货币，1美元约合3.2新谢克尔）以上的私人法案，那么该法案将需要在第一、二、三次读数中获得至少50名议员的支持才能通过。在为一读准备好一项法案后，委员会将该法案转交给议会秘书长，在官方法案公报上公布，并将其放在议会桌上。议会网站上也会刊登为一读准备的私人法案。

3. 一读

政府法案由政府在《政府法案官方公报》上公布，然后呈交给议会议长，由议长将法案放在议会桌上。通常，有关政府法案的讨论至少要在提交议会的两天之后进行。对政府法案的审议，由一名政府代表（部长或副部长）进行开场陈述开始；对私人法案的审议，则由提交该法案的议员进行开场陈述开始。在全体会议上，议会将对该法案进行全体议员都可以参加的辩论；辩论结束后，议会将决定是否将该法案从议程中删除。在这种情况下，相同或类似的法案将不会在未来六个月的预读中被讨论。如果法案获得通过，它将被移交给议会的一个委员会，准备进行二读和三读。

4. 二读和三读准备

议会委员会可以决定准备二读和三读的法案，或者向议会提议将该法案从议程中删除。委员会有权对法案提出修改意见，而议员和各部部长有权要求他们先前提出但被拒绝的修正案被记录为保留意见。提交该法案的议员可以在一读结束后的委员会讨论中的任何时候撤回议案。

5. 二读

起草法案的议会委员会主席将法案提交给议会，提出保留意见的议员和各部部长对此进行解释。之后，委员会主席将该法案付诸表

在以色列议会大楼前抗议的以色列学生

决。议会首先就有无保留意见进行投票。如果没有保留意见，议会将按照委员会起草的条款进行投票。如果有保留意见，议会将根据包含保留意见的文本对该条款进行表决。在二读和三读中讨论的法案会载于该次会议的正式议会记录的附录。政府有权在三读投票前的任何时候撤回政府议案。

6. 三读

通常在对法案条款进行二读表决后立即进行三读。然而，如果有保留意见，投票可能会推迟一周。在三读期间，议会将对法案的最终版本进行投票，因为该法案是在二读期间通过的，事先没有讨论。该法案在三次宣读通过后，将以非正式形式刊登在议会网站上。之后，这些内容会刊登在议会网站上的官方公报中，而一经在官方公报上公布则自动生效。

（六）议员的权利和义务

1951年颁布的《以色列议会议员豁免、权利和义务法》规定了以色列议会议员的权利和义务。按照规定，议员享有议会豁免权，以确保他们在履职时不必担心受到法律制裁。议会豁免权确保议员不对其在履行职责时或为履行职责而实施的任何行为承担刑事或民事责任。此外，议员享有与其作为议员工作无关的搜查、拘留、刑事审讯和法律诉讼方面的豁免权，只有议会本身有权取消其在这些领域的豁免。在以色列，议会豁免权极其广泛，也不时有声音提议对其进行限制。另外，该法规定了议员的附加权利，例如在境内不受限制进行自由行动的权利，或获得一定数量的免费电话和邮政服务的权利。议员也有权脱离其在议会的所属党派，但自1990年以来，脱离政党的议员组建新政党受到许多限制。

议员的义务涉及道德问题、额外就业或职业和行为规则，包括：（1）议会议员应维护议会及其议员的尊严，应以与其作为议员的地位和职责相称的方式行事，并应避免不当利用其作为议员而享有的豁免权；（2）议员应投入所有必要的时间来履行职责，并在这样做时应确保优先履行议员职责，而非其他任何职业；（3）议员不得以其议员身份，直接或间接从其在议会内外的行为中获得任何物质利益；（4）议员应避免其作为议员的职能与其个人事务之间的利益冲突；（5）（自1996年10月1日起）除无偿志愿工作外，议员不得从事任何业务或其他职业；（6）议员不得从事任何商业或其他工作，即使是无偿的，但如果这些工作侵犯议会尊严或损害其作为议员的地位和职责，也属不可；（7）即使没有报酬，议员也不可成为公共机构的民选代表。

万花筒般的审判机构：各类法院

在以色列，各类法院多种多样，既有一般国家常见的最高法院和地方各级法院，也有劳工法院和家庭法院等较为少见的专门法院。虽然以色列是一个世俗的发达国家，却有在很多发达国家难以见到的宗教法院。诸如此类，如万花筒般绚丽多姿。

（一）概述

以色列的司法机构是法院。各级法院裁决包括刑事、民事和公共事务在内的所有事项。其中，刑事和民事案件由各级法院裁决，包括地方法院、地区法院和最高法院；最高法院受理下级法院的上诉。大多数公共和行政事项，即公民与政府机构之间的争端，都直接提交至最高法院。除一般法院系统外，还有专门法院，这些法院包括宗教法院、劳工法院和军事法院。一般法院对刑事、民事和行政事务有一般管辖权，而专门法院在其专门领域拥有管辖权。最高法院对专门法院的上诉具有有限的审查管辖权。

在司法审判上，以色列法院的审判具有对抗性质。辩护人陈述他们所代表的当事人的论点，而法官则寻求在每个案件中找到真相。当事人或者其代理人提交证据，询问证人。法官则可以要求证人澄清问题。法官也对证据和问题是否采纳进行裁决。在某些案件中，法官可以要求当事人提供具体的证据，或者询问当事人故意遗漏的问题。这有助于法官找到事实真相。民事诉讼的结果不一定是裁决性的。法院鼓励庭外和解，以减轻法院系统的案件受理负担。其结果是，许多案件通过庭外和解的方式解决，或移交仲裁和调解。

（二）宗教法院

在以色列，犹太人、基督徒、穆斯林、德鲁兹人各自有自己的宗教法院系统。此类宗教法院出现于奥斯曼帝国统治时期，并在英国委任统治期间继续存在。由于有多个宗教群体，宗教法院系统由拉比法院（犹太人）、沙利亚法院（穆斯林）、德鲁兹法院和基督徒法院组成，它们适用相应宗教群体的教法，对各自内部的婚姻问题、宗教皈依和任命宗教领袖等案件有管辖权。

1. 犹太法院。犹太法院被称为拉比法院（rabbinic courts），管辖仅限于作为以色列公民和居民的犹太人的婚姻和离婚诉讼，其法官被称为达纳尼姆（dayanim），由司法部长领导的委员会选出。以色列全国有12个地区拉比法院、1个特殊的皈依法院以及作为上诉法院的大拉比法院（the Great Rabbinical Court）。大拉比法院由以色列的两个首席拉比中的一位担任主席。犹太夫妇的离婚只能由拉比法院裁决。不过，如在拉比法院审理离婚案件前，已经向民事法院提出包括监护权、抚养或财产公平分配等方面的诉讼，则所有其他婚姻问题也可由作为家庭法院的地方法院审理。否则，如果一方诉诸拉比法院，双方可能会发现须依照犹太教法的裁决，却不符合世俗法律。如果按照犹太教法进行裁决，一方可能失去世俗民法的平等保护和反性别歧视保护。

位于耶路撒冷的大拉比法院的大厅

2. 穆斯林法院。以色列的穆斯林法院被称为沙利亚法院（Sharia courts）。这些法院比其他宗教群体的宗教法院对家庭事务有更多的司法权，也受到自己的官方宗教机构的监督。沙利

位于佩塔提克瓦的一所拉比法院

亚法院法官被称为卡迪（Qadi），根据1948年以色列建国前同英国委任统治当局达成的一项协定，卡迪由以色列议会选举产生。以色列全国有9个地区沙利亚法院和1个沙利亚上诉法院。

3. 德鲁兹法院。以色列的德鲁兹法院在本国德鲁兹人的婚姻问题上有管辖权，并由司法部监督。该法院的法官被称为卡迪-马哈布斯（kadi-madhabs）。以色列全国有两个地方德鲁兹法院和一个德鲁兹上诉法院。

4. 基督徒法院。以色列全国有10个基督徒群体，分别是希腊东正教、拉丁天主教、亚美尼亚东正教、亚美尼亚天主教、叙利亚天主教、迦勒底天主教、梅尔基希腊天主教、马龙派天主教、叙利亚东正教和福音圣公会，他们有自己的得到政府认可的宗教法院。

（三）地方和地区法院

在以色列，几乎每个城市都设有一个地方法院。在刑事案件中，他们审理被告面临最高7年监禁的案件，在民事案件中，则对涉案金额最高为250万新谢克尔的案件有管辖权。地方法院也有资格审理涉及不动产的使用、占有和分割的索赔。地方法院也可以作为专门法院，如交通法院、家庭法院或小额索偿法院。对于地方法院的判决，当事人可向地区法院提出上诉。在以色列，按地理区域划分有 29 个地方法院。

地区法院构成司法系统的中级法院，对不属于其他法院管辖范围的任何事项都有管辖权。以色列被划分为六个区，那里分别设有六个地区法院：北区（拿撒勒）、南区（贝尔谢巴）、中央区（洛德）、耶路撒冷区（耶路撒冷）、特拉维夫区（特拉维夫）和海法区（海法）。地区法院受理超出地方法院管辖权限的案件，包括涉及价值超过 250 万新谢克尔的民事索赔案件以及可判处 7 年以上监禁的刑事犯罪案件。地方法院还作为海事法院，审理所有涉及航运商业、海上事故等的案件。

对于地方法院，地区法院是上诉法院，负责受理所属地方法院的判决上诉，以及涉及公司及合伙企业、仲裁、囚犯请愿及有关税务事项的上诉案件。对地区法院的判决，当事人可向最高法院提出上诉。一般来说，地区法院只有 1 名法官，但法律规定特殊案件必须有 3 名法官，这些案件包括被告可能会被判入狱 10 年或以上罪行的案件。地方法院和地区法院只在其各自的地理区域有管辖权。

特拉维夫地区法院外景

地方法院和地区法院的运作一般由院长负责,院长有责任为每个案件确定专家组、审理案件的日期以及确保在合理的时间内作出判决。根据法院议事规则,法官必须在证据聆讯和法庭辩论结束后 30 天内,向法院院长报告未作出判决的案件。

(四)最高法院

最高法院位于耶路撒冷,其对全国有管辖权,对所有其他民事和军事法院有最高上诉管辖权,在某些情况下对刑事和民事案件有原始管辖权。作为一个上诉法院,它受理对地区法院的判决和其他判决的上诉,在极少数情况下,它还受理劳工法院和军事法院的上诉。最高法院也审议对各种司法和准司法案件的上诉,例如与以色列议会选举的合法性有关的事项和律师协会的纪律裁决。最高法院由 15 名法官和 3 名专家组成,但最高法院的院长可以要求某一个案件由规模更大的专家组列席。例如,涉及宪法问题的案件通常有 9 或 11 名专家组成的咨询小组列席。

2019 年 4 月,以色列前总理本杰明·内塔尼亚胡和前总统鲁文·里夫林与以色列最高法院法官合影。

有关个人受到国家侵害的申诉可直接提交至最高法院。最高法院可以裁决下级法院的判决无效,也可以以军事法院的判决不合理或越权为由而判决其无效。最高法院的审查权力也延伸到议会内部运作程序,并在政府、公司和某些私人机构中执行公法规则(例如平等原则)。最高法院还对有关行政拘留的上诉、以色列律师协会的纪律裁决、公务员制度委员会的裁决和关于议会选举的上诉有管辖权。

在以色列,下级法院受先例原则的约束,但仅限于最高法院制定的那些先例。只有最高法院不受自己以前裁决的约束,尽管在实践中,最高法院的法官倾向于遵循先例。

最高法院在决定是否审理一个案件时有广泛的自由裁量权。起诉人必须申明自身受到了起诉书中所述事项的严重和直接伤害。但是,在涉及侵犯法治或人权的案件中,即使起诉人与此事没有利益关系,法院也会进行干预。从一开始,包括最高法院在内的整个司法系统就在裁决中显示出完全的独立性。

(五)劳工法院

劳工法院为劳资纠纷提供了专门的平台,以平衡工人和雇主的利益。劳工法院管辖劳资关系、劳资纠纷和有关劳动执法的刑事案件,基本上所有由雇主与雇员关系引起的诉讼事由都在劳工法院的管辖范围内。以色列有五个地区劳工法院作为初审法院,在耶路撒冷有一个国家劳工法院来审理来自地区劳工法院的上诉。地区劳工法院的民事案件通常由三名法官审理,包括一名职业法官和两名非职业法官,

位于耶路撒冷的以色列国家劳工法院外景

两名非职业法官中的一名有在劳动部门任职的经验,另一名则有管理经验。在这类案件中,法庭不受证据规则的约束。向国家劳工法院提出的上诉由五名法官(包括三名职业法官)和两名非职业法官来审理。在少数情况下,国家劳工法院的裁决可以进一步上诉到最高法院。

(六)军事法院

在以色列国防军中,有一个独立于民事法律制度的法律体制。它由军事检察长监督,有一个军事法院系统来审判士兵的刑事罪行,并处理以色列占领土地上的刑事和安全案件。以色列的三个军区,地面、空中和海上军事力量,后方司令部和总参谋部都设有军事法院。军事上诉法院是以色列的最高军事法院,它处理下级军事法院控方和辩方的上诉。在特殊情况下,军事上诉法院的决定可以进一步向最高法院提出上诉,但必须得到最高法院的特别许可,一般只有在出现重大法律问题时才会得到许可。

初审军事法院一般由三名法官组成。该小组的负责人是一名具有法律教育和司法经验的专业法官,而另外两名则是在法院所属地区的单位工作的官员,他们一般没有法律背景。军事上诉法院的审讯也由三名法官组成的小组主持,但其中至少两名法官必须具有法律背景。军事上诉法院的大多数法官以前都有在初审军事法院任职的经验。

对于较轻的罪行,以色列国防军维持纪律管辖制度。它负责审查罪行较轻的案件,并给予比刑事指控轻一些的纪律处分。

(七)其他法院

行政事务法院。行政事务法院于2000年成立,负责审理各种行政案件。以前对这些行政事项有完全管辖权的最高法院,目前对行政案件保有剩余管辖权。如果行政案件提出非常重要、敏感或紧急的问题,最高法院也可以选择审理,即使在法律上属于行政事务法院管辖范围。行政事务法院的案件由一名法官审理。地方法院法官要担任行政事务法官,必须接受行政法方面的专门训练。行政事务法院法官的任期为四年。

家庭法院。1995年，以色列设立了家庭法院，审理涉及各种家庭事务的案件。婚姻和离婚是宗教法院的专属管辖范围，不属于家庭法院管辖。根据法律规定，"家庭成员"包括夫妻、父母和子女（包括收养子女及其养父母）、祖父母和孙辈、监护人和被监护人、兄弟姐妹等。上述双方之间的任何纠纷将在家庭法院处理。家庭法院行使管辖权的事项有赡养费、确定父亲身份、根据《海牙公约》遣返被拐儿童、更改姓名、确定一个人的年龄、继承或遗嘱、收养、夫妻之间的财产或财产分割、代孕、监护权和共同监护权、家庭成员之间的财务纠纷等。以色列各地都有家庭法院，法官由一个以司法部长为首的特别委员会提名。对于家庭法院的判决，可向地区法院提出上诉。

（八）审判程序

以色列的法律体系中没有陪审团，所有刑事和民事审判都在专业法官面前进行。大多数案件由一名法官主持，而可判处10年以上有期徒刑的刑事案件通常由三名法官组成的合议庭审理，其中包括一名主审法官。在由三名法官组成的专家组审理的案件中，定罪不需要全体一致同意，法官可以以2比1的多数判定被告有罪。刑事和民事上诉也由三名法官组成的小组负责。虽然审判程序主要基于抗辩制，即辩方和控方在法官监督下进行审判，但其中也纳入了审问制的要素，即法官在审判程序中也可以发挥积极作用。

每一个被控刑事犯罪的人都有权利请辩护律师，如果被告请不起私人律师，在符合标准的前提下，他们有权请司法部下属的公共辩护部门的律师。所有被指控犯有可判处10年以上有期徒刑的被告，被控犯有可判处5年以上有期徒刑的经济

以色列最高法院内景

状况较差的被告，以及青少年和残疾人被告等，都有权获得公共辩护律师的辩护。检控工作由以色列国家检察院办公室负责，该办公室由一个中央办公室和八个地区办公室组成。刑事案件被告人享有无罪推定的权利，举证责任由原告一方承担。

每次审判都从一个被称为宣读的程序开始，主法官向被告宣读指控，然后要求被告确认其是否理解指控内容。如有需要，法庭会向被告进一步解释指控内容。然后，如果被告和原告同意，并且被告有律师，那么法庭将进行预审。预审期间，法庭会澄清被告是否承认指控，并将就案情及相关的法律问题试探控辩双方缩小意见分歧的可能性，并调阅案情材料。接着，控辩双方开始辩论案件。在审判程序开始后的任何阶段，如果被告有辩护律师，法官可传唤被告及其辩护律师以及原告律师，以确定他们是否同意某一个事实或某一个证据的有效性。审判程序开始后，被告有权就起诉书缺乏管辖权或起诉书无效，或指控起诉书中所指控的事实不构成犯罪，向法院进行说明。法院在作出初步裁决后，可以驳回原告请求，也可以在作出判决前允许原告对初步裁决进行答复。若原告接受初步裁决，法院可修改起诉书、驳回起诉或者移送其他法院。

在审判程序中，控方首先陈述案情，并提交证据。如果法官认为控方没有提供初步的犯罪证据，被告人将被宣告无罪。和控方一样，辩方有权作开庭陈述，然后提出证据。在诉讼过程中，如果控方和辩方都有证人为自己辩护，则一方有权在接受另一方的质证后对证人进行质证。控辩双方对证人的质证完毕后，法官可以对证人进行质证。在质证中，法官有权向证人提问。如果法庭对证人进行了质证，那么控辩双方都可以就法庭提出的问题进一步向证人进行质证。被告有权作为证人为自己辩护，在此期间，其将受到控方的质证。被告人可以不作证，但拒绝作证可能会扩大控方的优势；不过，如果专家证人作证说被告人患有精神或心理疾病，则拒绝作证不会成为对被告人不利的证据。

在审判程序完成后，法庭将以书面判决书宣告被告无罪或有罪，判决书将列明判决理由，由法官签字并注明日期。如果在审判过程中，被告人的罪行更为清晰地显露出来，法院有权对其在起诉书中未被指控的罪行定罪。但在这种情况下，必须首先给辩方一个合理的机会反驳这些指控。如果法院决定判定被告有罪，而该被告无法出庭，法院将把案件移交给下级法院，下级法院将像受理初审案件一样进行审理，并有权从上一级法院所达到的审理阶段进行审理。

如果法庭判被告有罪，那么将会进入量刑阶段。原告有权将任何先前判决被告有罪的证据带入法庭，而且如果被告被控暴力犯罪或性犯罪，法院将指示以色列福利和社会服务部的一名公务员就受害者或受害者家庭（如果被告的犯罪行为导致死亡）所受损失作出一份报告。一旦控方在量刑阶段出示了证据，或者没有提出证据，辩方都可提出减刑情节的证据，在此期间，被告可不经质证就作出陈述。在给予被告进行听证的机会后，法庭有权命令被告接受医生或其他专家的质证，并命令进行其他被认为有利于决定判决的调查。在量刑阶段的辩论结束时，控辩双方可就被告的量刑问题进行最后的辩论。如法庭裁定有理由判处被告缓刑或社区服务，但没有定罪，亦可撤销定罪。审判结束后，法院将公开宣读判决，并发出由法官签署和注明日期的书面判决书。

在判决之后，辩方有权对其认为过于严厉的定罪和判决提出上诉，而控方则可以对无罪判决和其认为过于宽大的判决提出上诉。上诉必须在判决之日起45天内提出，但法院可应上诉人的请求延长上诉期限。以色列法律规定，即使被告未提出上诉，任何死刑判决都将自动进入上诉程序。受理上诉的法庭可以推翻定罪或宣告无罪；在给被告一个合理的机会反驳判决后，可判定被告犯有与下级法院最初判定其犯有的不同的罪行；只有在检察机关驳回上诉的情况下，才会加刑。以色列法律还规定了要求最高法院重新审判的可能性，尽管获得重审的可能性非常小。1948年至2012年，只有21起刑事案件获得了复审，其中大约一半的案件最终被再次确认被告有罪。

（九）法官的任命

在最高法院以及地区法院和地方法院任职的法官由司法遴选委员

会任命,该委员会由九名成员组成,包括司法部长、一名内阁成员、两名议员(一名来自执政联盟,另一名来自反对党)、以色列律师协会的两名成员、最高法院院长和最高法院的另外两名法官。该委员会由以色列司法部长担任主席。地方法院和地区法

2022年5月,哈立德·卡布(右一)当选为以色列最高法院第一位穆斯林法官。

院法官通过司法遴选委员会的多数投票来任命,但最高法院法官的任命需要7至9人的多数,或达到比出席投票会议的人数少2人的多数。

要成为地方法院法官,候选人必须有至少3年的专业律师经验,或在国家部门中担任法律职务,或教授法律。地区法院法官候选人必须有最少4年的地方法院法官履职经验或最少6年的法律职业经验。最高法院任命的候选人必须有至少5年的地区法院法官履职经验或10年的法律职业经验,包括至少5年在以色列的工作经验。被认定为"杰出法学家"的人也可被任命为最高法院法官。

(十)司法独立

在以色列,司法独立不受干涉,为了确保这一点,法官在实体、个人和机构上的独立性将得到保障。实体独立是指法官不受法律本身以外的任何权力的支配;法官也不为他们的决定承担刑事责任,即使其决定超出了自身权力范围。个人独立意味着法官不受行政部门的干预,行政部门不能对法官施加影响。法官只有在非常情况下才被免职,这一决定由法官遴选委员会作出,需要9名成员中7人的多数投票。机构独立意味着,议会不能只削减司法人员的工资,而是要与其他团体的工资削减步调一致,这种做法削弱了议会对司法系统的潜在影响。

以色列也建立了其他机制以确保司法独立。任何人对法院、法官

和司法程序的公开评论都要受到限制，包括禁止发表可能影响法院未决事项的言论，以及禁止对法官进行诽谤性攻击（在英国普通法中，违反这些规定的言行被称为藐视法庭）。若违反这两项限制，将受到刑法的制裁。此外，以色列在1984年颁行的《法院法》第71条中明文规定，禁止公布尚未判决的案件，因为这可能会影响审判的正常开展。但该法第71(c)条款也对这一规则作了补充说明，使其可以为在法庭公开庭审期间善意公布所说的任何话或发生的任何事提供辩护，这样相关信息就可从法院通过媒体向公众传播；同时禁止通过公众和媒体向法官传递信息，这样公众的批评和意见就无法到达法官那里，从而无法影响后者的判决。而在对判决的公共评论管辖方面，《刑法》第255条明确指出，善意地对有关公共利益的司法决定进行坦率批评不属于犯罪。此外，就行政事项向最高法院请愿的人在提交诉讼后，不可接受采访和向新闻界发表评论，即不进行公开宣传；如果他们违反这一限制，仅基于此理由，他们就可能会输掉这一诉讼。

在不同层级的法院法官之间，以色列法律强调保护内部司法独立，这表现在以色列法律保障初级法官不受影响的权利。在审议期间，初级法官首先发表意见，随后是较资深的法官发表意见，这样就避免了高级法官对初级法官发表意见的影响。

在这些规定下，以色列的法官和法院享有充分独立，并普遍受到公众的信任，对法官进行诽谤性攻击的案件也很少。

（十一）如何成为一名执业律师

以色列的所有律师都必须获得执业律师执照，并被以色列律师协会接纳为执业律师，才可从事律师工作。取得律师执业资格要经历三个步骤：（1）申请者须首先获得由教育机构颁发的法律学位，而此种教育机构须得到希伯来大学法学院的认证；那些移居以色列但未在以色列国内的认证机构取得法学学位的申请者须在其来源国有至少两年任职律师或法官的经验。（2）须参加希伯来语能力考试。（3）须参加八门法律专业领域的考试。

在通过这些考试后，申请者须担任见习律师，为期12个月，每周至少 36 个小时。见习期结束后，申请者须通过见习考试，考试内容包括笔试和口试，由三名法官主持。从国外来的候选人，应有至少 5 年的法律从业经验，并在抵达以色列 10 年内担任过见习律师，这样可以免除结业考试。

以色列律师联合会

笔试合格者可参加口试。如果申请者通过考试，即可被以色列律师协会接纳，并获得执业律师执照。

以色列律师协会成立于 1961 年，是根据该年通过的《律师协会法》成立的一个自治团体，其目标是将以色列的律师纳入其中，并维护法律职业的规范性和完整性。以色列律师协会是一个法人团体，须接受国家审计长的审计。会员资格是强制性的，是在以色列从事法律工作的先决条件。1996 年，以色列律师协会的注册会员只有大约 1.7 万名律师。截至 2015 年 8 月，已有 73726 名律师在以色列律师协会注册为会员。因此，以色列是全世界人均在职律师人数最多的国家，而且国内每年还有数千名法学院学生毕业准备成为从业者，从而使以色列的律师行业竞争十分激烈。

以色列民主的守护者：检察系统

2019 年 11 月，经过三年的调查，总检察长阿维海·曼德尔布利特正式起诉时任总理本杰明·内塔尼亚胡，指控后者犯有受贿、欺诈和违背公众信任罪。据以色列著名报纸《国土报》报道，检方对内塔尼亚胡发起了包括收受商人贿赂、收买新闻界以及向大公司提供违法资金监管优惠等三项指控。如果三项指控均成立，那么内塔尼亚胡将面临较长时间的牢狱之灾。

2020年8月，反对者举行示威，抗议卷入贪腐指控的以色列总理内塔尼亚胡。

在以色列，检察系统起着重要的监督作用，它是民主的守护者，维护着以色列的民主价值。检察系统最重要的职能体现在总检察长一职上。

（一）总检察长的身份和遴选

总检察长担任政府和公共当局的法律顾问，指导国家检察机关，并对起草和审查立法提案的法律部门进行监督。总检察长由政府根据司法部长的推荐任命，任期未定，其免职方式与任命方式类似，但几乎从未实施过。

总检察长是一个独立的任命职位，是以色列民主制度中最重要和最有影响力的职位之一，也是以色列法律制度框架中的一个中心机构。所以，在能力要求上，总检察长职位的候选人必须符合严格的专业标准，政府应该提名有资格担任最高法院法官的人来担当这一职位。事实上，许多前任总检察长，例如阿哈龙·巴拉克、海姆·科恩、梅尔·桑加尔和伊扎克·扎米尔，后来都成了以色列最高法院的法官。

与总检察长有关的传统规则和惯例是由1962年成立的一个委员会制定的，该委员会由时任最高法院法官的希蒙·阿格拉纳特担任主席。阿格拉纳特委员会撰写的报告提出了若干准则，以确保总检察长一职应在政治上保持中立，不受政党影响，以便独立作出决定，而不向政府或司法部长的指示或政策让步。因此，自20世纪60年代以来就形成了一种共识，即有某种强烈的政治倾向或奉行激进政治路线的人不应被任命为总检察长。由于多年来一直保持高度的专业性和政治中立，总检察长一职受到广大公众、政府、议会和最高法院的高度认可。

（二）总检察长的职责

2022年2月，以色列著名律师和法学家加利·巴哈拉夫－米亚拉被任命为总检察长，接替阿维海·曼德尔布利特。她是第一位担任该职务的女性。

受普通法传统影响，以色列总检察长的职责并没有被写入法律，而是根据多年来的先例和传统产生。

总检察长的具体职责包括：有权决定是否提出起诉；就警方或国家检察官办公室的决定作出裁决，决定是否进行调查或结案；要求法院将被逮捕人的拘留延长三十天以上；要求取消某议员的豁免权。总检察长还被授权派出代表，并在其认为涉及公众利益的任何法律程序中进行辩论。在这些行动中，总检察长拥有排他性权力，其决定只能由最高法院来推翻。

在消费者保护以及向地方当局提供咨询和援助方面，总检察长处理许多与规划和建筑法、商业许可和限制性合同条款有关的请求。

当政府各部门以及不同行政机构之间发生分歧时，总检察长负责进行裁决。

总检察长还处理公众的投诉，以维护法治和纠正不当行政行为。

（三）政府的法律顾问

作为政府的法律顾问，总检察长为政府、各部部长、政府各部、地方政府和其他公共机构如邮局和国家电话公司提供法律咨询。总检察长通过政府法律部门，即由所有政府部委的法律顾问直接或间接提供咨询。总检察长还负责向政府发布关于法律解释和适当法律程序的准则。

总检察长的法律意见被视为对法律的权威解释，因此对所有政府当局都具有约束力。这为政府的合法运作提供了两个重要的内部检查。首先，由于总检察长的决定具有权威性，而且其职位受到尊重，政府官员在作出可能后来被发现违反法律的政策决定之前，通常会征求其意见和同意。此外，如果某个政府部门对其法律顾问采取反对行动，总检察长可决定不在法庭上为该机构辩护。

（四）维护民主和法治

虽然总检察长是政府的法律顾问，但其首先是人民的律师，是民主法治、公共利益和公民自由的最重要的捍卫者。正如前总检察长、最高法院法官伊扎克·扎米尔所说："总检察长真正的客户是公众。"这表现在：总检察长参加立法和政府部门会议，确保在通过法律和采取行政行为时，国家基本法和法律适当程序能够得到尊重；就法律事项提供咨询意见，并确保政府在其权力范围内行事。

常规执法外的准军事力量：警察系统

以色列警察系统成立于 1948 年，现隶属于以色列公共安全部，总部位于耶路撒冷。和多数国家一样，以色列警察的主要职责包括预防犯罪、执法、查明犯罪嫌疑人、将罪犯绳之以法、协助犯罪受害者、维持公共秩序和反恐。不过，由于以色列常年受巴勒斯坦"哈马斯"和黎巴嫩真主党武装的袭击威胁，不时会出现军事行动，此时以色列警察需要和军队一起参与行动。所以，以色列警察还具有准军事特点，战斗力较强，驻守边境的边防警察更属精锐。

以色列警察现受雇人员约为3.5万人，另有7万名国民警卫队志愿者从事兼职工作，协助管理志愿者所在社区。在警务方面，以色列全国被划分为七个区：中央区、南区、北区、犹地亚和撒玛利亚区、特拉维夫区、耶路撒冷区以及沿海区。以色列警察在以色列全境及占领地区开展警务和执法活动。在紧急情况下，可以从以色列的任何电话拨打号码"100"联系警察。

（一）以色列警察主要管辖如下领域：

1. 公共安全

包括：预防和挫败恐怖活动；对市民的电话作出反应；安排安全保护程序；在国民警卫队的行动框架下组织志愿者和志愿活动。

2. 维持法律和秩序

包括：对有关公众骚乱的呼吁作出反应；对示威和非法集会作出有效反应；规范企业行为；负责有关被拘留者的事宜；执行法院命令。

3. 打击犯罪

包括：调查犯罪和逮捕罪犯；发现和揭发未报告的罪行，例如贩毒和敲诈；指导公众如何进行人身和财产保护。

（二）以色列警察系统分为以下几个主要部门：

1. 保安和社区警务处负责一般的执法任务，例如在公共场所巡逻和回应紧急电话。

2. 以色列边防警察是战斗部队，主要在边境、耶路撒冷和西岸等不安定地区执勤。它负责农村地区的执法和镇压国内动乱，特别是暴乱。它也参与反恐行动。边防警察既有领工资的专业人员，也有在边境服三年兵役的义务兵，还有志愿者参与。边防警察要面对复杂和危险的边境局势，所以也是以色列国家武装力量的一部分，并配有先进的武器和专业警用装备。以色列军费预算中，有3%~5%须为边防警察购置装备。

3. "亚玛姆"（Yamam）是反恐和人质救援警察部队的缩写，主

正在执行任务的以色列警察

要负责以色列境内的平民人质营救工作。从20世纪90年代中期开始，"亚玛姆"也负责对重要人物提供人身安全保护，以及在约旦河西岸和加沙地带的反恐行动。"亚玛姆"只负责战斗任务，不从事其他类型的警察工作。"亚玛姆"的选拔过程极为严苛，所有申请者都必须是经验丰富的士兵，甚至许多人有特种部队服役经历。"亚玛姆"接受基础的阿拉伯语培训，有时穿着阿拉伯人的服装，以便进行突袭，逮捕那些涉嫌在以色列境内进行恐怖主义活动的人。"亚玛姆"被认为是世界上最有经验和最专业的特别警察部队之一，已在以色列境内外参与了数百次行动。

4."亚萨姆"（Yasam）是防暴警察部队，也参与反恐行动。这支部队最初是防暴警察，后来也协助反恐行动，并根据以色列法院的判决拆除定居点。"亚萨姆"下属快速反应摩托车分队。在耶路撒冷，经常可以看到亚萨姆警察骑着摩托车在城市的主干道巡逻，这对恐怖袭击起到了威慑作用。然而，他们更多的时候会参与制止深夜酒吧外的斗殴，并在东耶路撒冷对巴勒斯坦人执行防暴任务。

5."雅马斯"（Yamas）是一支反恐突击部队，其人员接受过卧底行动训练，行动时会伪装成平民。虽然属于边境警察，但它直接隶属于以色列内务安全机构"辛贝特"（Shin Bet）。"雅马斯"是一支秘密部队，主要负责在阿拉伯人聚居区内伪装成阿拉伯平民进行卧底反恐行动，并应对骚乱、示威和煽动活动。"雅马斯"人员不穿制服，也不允许透露其组织成员身份。该部队的狙击小组被认为是以色列战斗力最强的狙击小组。

6. 国家交通警察是以色列警察系统中的交通执法机构，被分为五个地区巡逻单位和一个全国巡逻单位。

7. 国民警卫队由兼职志愿警察组成，构成了以色列警察的大多数。它是安全与社区警务处的一个正式部门。国民警卫队志愿者的警察权力有限。他们在公共场所进行巡逻，接受培训，在正规警察到达之前，对遇到的任何安全情况作出初步反应，并参与交通管制。国民警卫队中也有搜救队。

8. 水上警察处负责确保用水人的安全，执行与水上交通有关的法律，防止船舶、河岸和海岸上的犯罪，提供搜索和救援服务。水上警察处还负责海岸安全、保护执法、巡逻偷渡和走私行为，以及潜水搜索行动。

第四章

絮说以色列法律

犹太国家底色永不变

> 但我们还在这里……在这片海岸坚守,在这片海岸生活。无论怎样,我们就在这里。
>
> ——阿里·沙维特《我的应许之地》

以色列法律的一大鲜明特征就是维护以色列作为一个犹太国家的底色,这一点在《回归法》中体现得淋漓尽致。

以色列建国后,仍然有很多犹太人生活在全世界各个国家和地区。以色列建国的目的之一就是保护全世界犹太人的合法权益,因此以色列必然与流散犹太人有特殊的联系,必须对他们给予特殊的关注,这一点清楚地体现在《回归法》中。

《回归法》肯定了以色列作为"全世界犹太人的民族家园"这一重要地位,可以说是以色列作为世界犹太人的民族家园的最清晰明确的反映。根据该法,所有犹太人都可以移民到以色列,并成为这个国家的公民。为了保证犹太人继续在以色列占多数,这项法律自动将移民到以色列并表示希望在那里生活的犹太人入籍。以色列承认每一个犹太人都有获得以色列公民身份的权利,也认可双重国籍,这意味着任何国家的犹太人都可以在不放弃原有国籍的前提下成为以色列合法公民。

  作为一个移民国家,《回归法》对以色列犹太人口的增长极为重要。建国之初,以色列的犹太人口只占全球犹太总人口的6%。经过多次移民浪潮,如今以色列的犹太人口已经超过900万,是全球犹太人最多的国家。根据我国著名的以色列研究机构河南大学以色列研究中心发布的《以色列蓝皮书:以色列发展报告(2020)》的数据,截至2020年1月1日,以色列人口总数约为913.6万,其中犹太人口为677.2万,约占全国总人口的74.1%。可以预见,在未来,移民仍然是以色列犹太人口增长的主要方式之一,以色列作为全世界犹太人的民族家园这一点不会改变。

  以色列还为世界各地的犹太人社区提供援助,这表现在,它通过立法给予那些促进犹太人利益的机构和组织以特殊的地位。例如,1953年通过的《世界犹太复国主义组织机构法》第5条规定:"聚集流散犹太人的使命,是当今以色列和犹太复国主义运动的中心任务,

以色列议会大楼前的犹太教传统物品七枝烛台,它高5米,宽4米,上面刻有29个描述犹太历史事件的浮雕。

需要流散犹太人不断努力。因此,以色列国期望所有犹太人作为个人和集体在建立以色列国和协助广大人民向以色列国移民方面给予合作,而且为实现这一目的,犹太各阶层的人士必须团结统一。"

作为一个犹太国家,很多犹太历史和文化元素都通过法律得以确立。以色列的国旗是蓝白色调,在白色背景中,一个蓝色的大卫星居于中间,上下各有一道蓝色横条。大卫星是典型的犹太传统文化元素,两道蓝色横条代表犹太祷告披巾,也象征着《圣经》所描述的犹太人出埃及时所经历的红海海水分开、然后犹太人通海而过这一神迹。该旗帜在以色列建国之初就被选定为国旗。以色列的国徽更是纯粹的犹太元素的汇聚:国徽整体是一个盾牌的形象,中间为犹太传统中常见的七支烛台,两侧由橄榄枝环绕,底部文字为"以色列"一词的希伯来文。以色列的国歌《希望》自以色列独立以来就被非正式承认为国歌,在2004年通过的《国旗、国徽和国歌法》修订案中正式得以确立,该曲源于19世纪时的一首犹太诗歌,由一名生活在欧洲的诗人所作,表达了重返圣地建立犹太民族国家的希望。

此外,为了纪念在二战期间惨遭纳粹杀害的六百万犹太人,建国后不久,以色列就通过议会,确立了一项法令,将犹太历尼散月二十七日设为大屠杀纪念日。希伯来圣经中的安息日传统也通过法律的形式在以色列得以实行。在以色列,工作日是周日到周四,而不是我们通常认为的周一至周五,周五入夜至周六为安息日,所有的公共交通停止运营,餐厅、超市、娱乐场所也都停止营业。

以色列法律还规定希伯来语为第一官方语言。希伯来语是古代犹太民族的语言,在上千年的流散中,已经成为一门"死语言"。19世纪末犹太复国主义运动兴起后,经过不懈努力,希伯来语最终复活,成为现代犹太人的民族语言。以色列建国后,将其定为官方语言。

近年来,以色列不断通过立法强化其作为犹太国家这一基本身份。2011年8月,以色列议会外交和国防委员会主席阿维·迪希特和其他39名议员提出了一项基本法提案《以色列作为犹太人的民族国家》,试图以此来确定以色列作为犹太人的国家的基本属性。2017年7月,一个由议员阿米尔·奥哈纳领导的特别联合委员会成立,以推动民族国家法案的立法进程,该法案于2018年3月获准在议会进行一读。

阿米尔·奥哈纳在提出改革后的法案时说:"这是根本大法,是以色列国历史上最重要的法律,它规定每个人都有人权,但以色列的民族权利只属于犹太人。这是国家建立的基本原则。"该提案的强力支持者亚里夫·莱文称其为"犹太复国主义的旗舰法案……它将带来秩序,澄清被视为理所当然的事情,并将以色列带回正确的道路上。这个国家与其他国家有一点不同,那就是它是犹太人的民族国家。"

反对者在特拉维夫抗议通过犹太民族国家法案

2018年7月19日,经过数小时的激烈辩论,以色列议会以62票赞成、55票反对、2票弃权的结果,在二读和三读中通过了《基本法:以色列——犹太人的民族国家》法案。在听到最后的点票结果后,阿拉伯议员在议会大厅里撕毁了该法案,并在议会地板上大喊这是"种族隔离"。

《基本法:以色列——犹太人的民族国家》包括三个要点:一、确认了在以色列行使民族自决的权利是犹太人独有的权利;二、将希伯来语确立为以色列的官方语言,并将以色列阿拉伯人普遍使用的阿拉伯语降级为特殊语言;三、将犹太人定居点确立为一种国家价值,并要求国家努力鼓励和促进犹太人定居点的建立和发展。

这项法律通过后,有人向以色列最高法院提出申诉,质疑该法违宪。2019年1月,以色列最高法院宣布,对该法是否符合宪法的质疑将由一个由11名法官组成的小组审理,并将决定该法是否全部或部分违反了1992年通过的《基本法:人类尊严与自由》。2021年7月,以色列最高法院判决该法符合宪法,并没有否定国家的民主精神。最高法院院长埃斯特·海尤特代表多数意见撰写了决议书,她表示:"这部基本法只是我们正在成形的宪法中的一个章节,它并没有否定以色列作为一个民主国家的特性。"法院的多数意见认为，该法只是明确宣布以色列是一个犹太国家，这并不会损害非犹太公民的个人权利，尤其是考虑到其他确保所有人平等权利的法律。

《基本法：以色列——犹太人的民族国家》主要是一个象征意义的基本法，但阐明了一个显而易见的事实，即以色列国家的建立和发展的根本目标是维护其犹太属性，并使以色列作为犹太人的避难所和家园的地位不断得到巩固。今天，以色列作为一个犹太国家这一点也已经成为包括犹太人和非犹太人在内的大多数以色列公民最基本的政治认同的一部分。而根据基本法修改原则，这一项法律可能会在未来的以色列议会以61名成员通过的多数被修改或废除，而不是像普通法律那样由现有成员的一般多数修改或废除，这也从侧面说明了该项基本法的崇高地位。

2018年，以色列还通过了另一项强化犹太国家属性的法律，其地位不如犹太民族国家法案，但也相当重要。

2018年1月2日，以色列议会通过一项法案，规定如果要将耶路撒冷的任何地方交给外国实体，须获得议会三分之二的多数支持。据《国土报》报道，该法案得到了以色列执政的右翼联盟的支持，以64人赞成、52人反对的结果通过。

耶路撒冷是犹太教、基督教和伊斯兰教共同的圣地，在犹太人的心中占有更独特而重要的地位。以色列在建国之初即宣布耶路撒冷为自己的首都，并在1967年的"六日战争"中占领了包括东耶路撒冷在内的整个耶路撒冷。1980年，以色列立法宣布耶路撒冷是以色列不可分割的一部分，但这一举动至今未得到国际社会的承认。而在1988年，巴勒斯坦自治政府也宣布耶路撒冷是即将建立的巴勒斯坦国的首都。至今，只有美国等少数国家在耶路撒冷设立大使馆，多数国家仍将大使馆设在特拉维夫。

这一法案涉及的是耶路撒冷这座城市的主权和领土问题，看似与犹太国家属性问题并无联系。而事实上，该法案与此有莫大关联。将一座完整的耶路撒冷以立法的形式牢牢地掌控在自己手中，将赢得多数犹太人的支持，从而更加强化以色列作为犹太国家的凝聚力。

除了彰显犹太国家底色,以色列法律也尽力维护其作为一个议会民主制国家的基本性质。按照法律规定,和其他西方国家一样,以色列实行立法、行政和司法三权分立制度,政府权力受到监督和严格限制。在以色列法律界有着广泛影响力的以色列最高法院前大法官阿龙·巴拉克认为,以色列法律的基本原则包括平等、公正和道德原则,还包括民主、分权、法治、言论和游行自由、宗教信仰自由、职业自由、维护人的尊严、司法独立、维护公共和平与安全等原则。以色列《独立宣言》宣称,以色列国将以古代犹太先知所设想的自由、正义与和平精神为基础。此外,《独立宣言》还宣称以色列将促进国家的发展,造福于所有居民;不论宗教、种族或性别,它将确保其所有居民享有完全平等的社会和政治权利;它将保障宗教、道德、语言、教育和文化的自由。

2016年,以色列司法部长阿耶莱特·沙克德在发表的一篇文章中,专门谈及了以色列的犹太国家底色与民主国家特征之间的关联。她认为,以色列的犹太人越多,它就会越民主。沙克德写道:"当我们希望让以色列经历先进的民主化进程时,我们必须同时加深它的犹太身份。……这些身份并不矛盾。恰恰相反,我认为它们是相互促进的。我相信我们的国家越犹太化,我们的国家就将会越民主,我们的国家越民主,我们的国家就将会越犹太化。"所以,沙克德呼吁通过多种具体的立法和司法途径,来强化以色列法律体系的犹太特性。沙克德的话值得深思。

阿拉伯人是二等公民吗?

我相信全世界将根据犹太国家(即以色列)如何对待阿拉伯人来评价这个国家。

——哈依姆·魏茨曼

除犹太国家之外,以色列法律所确立的也是一个民主国家的政治和法律体制。在这种体制下,阿拉伯公民也可参与以色列的政治生活,享有重要的公民和政治权利。但在现实中，阿拉伯人难以享有和犹太人完全同等的法律权利。

2002 年，以色列阿拉伯工程师阿德尔·卡丹希望在加利利北部的犹太小城卡齐尔找到一块可以居住的地方，并在那里建造自己的房屋。卡齐尔不但居住条件优越，那里的学校也能为卡丹的四个女儿提供更好的教育。于是卡丹向卡齐尔政府提出了申请，但立即被拒绝，理由是他们是阿拉伯人，而卡齐尔的这块土地已被用作专门建立一个犹太人定居点。

卡丹认为，专门为犹太人建立定居点的政策违反了平等原则，于是向法院起诉。法院也认为，以色列法律不允许政府歧视非犹太人，不能只将土地分配给犹太人作定居点，政府必须重新考虑卡丹关于在卡齐尔定居点购买土地的请求。法院认为，一个犹太国家的性质和价值观要求它确保对非犹太人的平等待遇。

尽管以色列法院做出了有利于卡丹的裁决，并申明阿拉伯公民有权使用国有土地，但卡丹在卡齐尔租用土地的申请再次被当地官员拒绝。当时执政的沙龙内阁支持一项措施，即允许犹太人社区将阿拉伯人和其他非犹太人排除在外。该提案在成为正式法律之前面临着不少反对声音。一些工党成员威胁要退出沙龙领导的执政联盟，外交部长西蒙·佩雷斯承诺"将竭尽全力反对这一种族主义决定"。但是，在一系列自杀式爆炸事件发生后，国内犹太人的反阿拉伯情绪高涨，于是，支持这项法案的宗教政党利用这一机会大力推动这一法案的通过，称该法案不过是一项允许居民社区自由决定谁住在该社区的立法。当时，以色列广播电台不断发出对"种族隔离"和"种族主义"的指责。但与此同时，该法案的支持者以安全为由为其辩护，并认为这是保护犹太人安全的一种方式。

在 2004 年向最高法院提交了另一份请愿书后，卡丹又花了 7 年时间才获准开始建造他的房屋。但以色列议会通过的《准入委员会法》（也被称为《卡丹决定绕过法》），规定任何想要搬到卡齐尔这样的社区的人都必须经过准入委员会的审查，他们可能会被拒绝居住，其原因是他们不符合该社区的文化或价值观。

以色列是以犹太人为主体的国家，但法律也规定，以色列是其境内所有居民的家园。除了占人口绝大多数的犹太人，以色列国内人口最多的是阿拉伯人，他们包括巴勒斯坦人、贝都因人、德鲁兹人以及不认为自己是巴勒斯坦人的基督徒和穆斯林。

以色列的官方政策并没有严格区分各个民族宗教群体，但以色列社会中的许多群体却保持着强烈的文化、宗教、意识形态和民族认同。另外，由于存在社会分裂和经济差距，以色列社会很难说是一个真正意义上的熔炉，而更像是一个由不同群体在一个民主国家框架内共存的马赛克。

赛义夫·阿－丁·祖比（1913—1986）是巴勒斯坦阿拉伯人，1949年第一届以色列议会选举时当选为议员，后担任拿撒勒市长、以色列议会副议长。

在这个马赛克中，阿拉伯人是犹太人之外最为引人瞩目的群体，以色列也对阿拉伯人参与国家各项事业提供了机遇。1949年，巴勒斯坦阿拉伯人就参加了这个国家的第一次议会会议。以色列的每届议会都有阿拉伯人当选议员，到2011年，以色列议会的120名议员中有13人是阿拉伯公民，以色列最高法院的一名法官是巴勒斯坦阿拉伯人。在公共领域，到2002年年底，56362名以色列公务员中有6%是阿拉伯人。2004年1月，以色列总理沙龙宣布，每个国营公司的董事会中必须至少有一名以色列阿拉伯公民。

以色列的《独立宣言》承诺全体国民在公民权和政治权利上绝对平等，拒绝种族、宗教、性别歧视。《独立宣言》呼吁以色列阿拉伯人参与建设国家，并在其机构中担任代表职位。然而，在承诺平等的

2021年6月14日，新一届以色列内阁在耶路撒冷总理官邸合影。新组建的政府中，有两名部长是阿拉伯人，分别是区域合作部长埃萨维·弗莱基和财政部长哈米德·阿玛尔。

同时，这个新建立的国家却将自己认定为一个犹太国家，因此事实上，以色列的犹太人和非犹太人在法律地位上是存在差异的。作为一个犹太国家的少数民族，阿拉伯人也认为，这个国家并没有真正赋予非犹太公民平等的地位和权利，这意味着以色列不够民主。

在建国以来的几十年里，以色列与阿拉伯邻国打了几场战争，并与巴勒斯坦人的起义和恐怖袭击持续作斗争，从而遗留下不少问题。今天，以色列阿拉伯人的法律地位不同于生活在以色列占领下的东耶路撒冷的35万巴勒斯坦人，不同于生活在巴勒斯坦权力机构管理的约旦河西岸的250万巴勒斯坦人，也不同于生活在被以色列封锁的哈马斯统治下的加沙地带的190万巴勒斯坦人。严格来说，这些地区的巴勒斯坦人是无国籍的。这意味着，东耶路撒冷的巴勒斯坦人不能在以色列全国选举中投票，也不能获得以色列护照。对于约旦河西岸和加沙地带的巴勒斯坦人来说，他们生活的大部分地区由以色列控制，而他们在这个国家没有直接的发言权。另一方面，以色列国内的阿拉伯人属于以色列公民,因此,至少在理论上,他们与以色列犹太人享有同样的选举、教育、医疗、基础设施和安全保障等权利。但在某些方面,以色列阿拉伯人仍无法享有与犹太人同等的权利,在法律和司法领域也是如此。

根据海法大学2003年的一项研究,以色列国内司法审判中存在着一种倾向,即对阿拉伯公民往往判处比犹太公民更重的刑期。人权倡导者称,阿拉伯公民更有可能被判谋杀罪,而且被拒绝保释。2011年,以色列法院管理局和以色列律师协会委托撰写的一份初步报告发现,与以色列犹太人相比,以色列阿拉伯人在被指控后被定罪的可能性更大,被判处监禁的可能性也更大,而且刑期更长。

摩萨瓦中心是一个支持以色列阿拉伯人的组织,该组织指责以色列议会对阿拉伯人进行歧视,称2009年提交给以色列议会的歧视性和种族主义法案比往年同期增加了75%。该报告给出了数据对比:2007年,11项被该组织视为"歧视性和种族主义"的法案被提交立法机构审议,2008年有12项此类法案被提交,而在2009年,有多达21项被其视为具有歧视性的法案在以色列议会进行了讨论。

2003年7月,以色列颁布了《公民权和入境以色列法》,这是对

以色列北部的阿拉伯小城弗雷迪斯

《以色列公民权法》的修正案。该法案拒绝向居住在西岸或加沙地带并与以色列人结婚的巴勒斯坦人提供公民身份和以色列居住权;但对于任何"认同以色列国及其目标,并采取具体行动促进以色列国的安全、经济或任何其他重要事项"的巴勒斯坦人,这项规则可予以取消。2005年5月,以色列立法问题部长级委员会再次修订了《公民权和入境以色列法》,将公民身份和在以色列居住的权利仅限于35岁以上的巴勒斯坦男子和25岁以上的巴勒斯坦女子。该法案的捍卫者说,该法的目的是通过限制阿拉伯人移民来防止恐怖袭击,并保留以色列的"犹太特征"。这一法案是根据以色列内务安全机构"辛贝特"的统计数据而制定的。这项最新的修正案实际上取消了半数巴勒斯坦人在以色列通过结婚申请合法身份的限制。

《公民权和入境以色列法》在2006年得到了以色列最高法院的支持。虽然这项法律理论上适用于所有以色列人,但它对以色列的阿拉伯公民造成了负面影响;与其他以色列人相比,以色列阿拉伯人与巴勒斯坦人结婚的可能性要大得多。因此,这项法律被广泛认为具有歧视性,联合国消除种族歧视委员会就此一致通过了一项决议,称以色列的法律违反了一项反对种族主义的国际人权条约。

在收回1948年阿以战争前所拥有财产方面,按照以色列法律规定,阿拉伯人也处于不利地位。1950年通过的《缺席者财产法》规定,这两类人将失去所拥有财产的权利:在1947年11月29日至1948年5月19日离开以色列的阿拉伯人以及在1948年9月1日之前在国外或在敌对势力控制的巴勒斯坦地区的巴勒斯坦人。在1948年阿以战争之前和期间,那些逃离家园或被犹太人或以色列军队驱逐出家园,但仍留在后来的以色列境内的巴勒斯坦人(也就是目前被称为以色列阿拉伯公民的那些人)被该法案视为缺席者。以色列政府认为缺席者缺席是因为他们离开了自己的家,即使他们不打算离开超过几天,或者即使他们不是自愿离开的,都同样适用于该法案。

1967年六日战争后,以色列占领了约旦河西岸和东耶路撒冷。1970年通过的《法律和行政安排法》允许犹太人收回在1948年战争期间于东耶路撒冷和约旦河西岸失去的财产。然而,在1948年战争

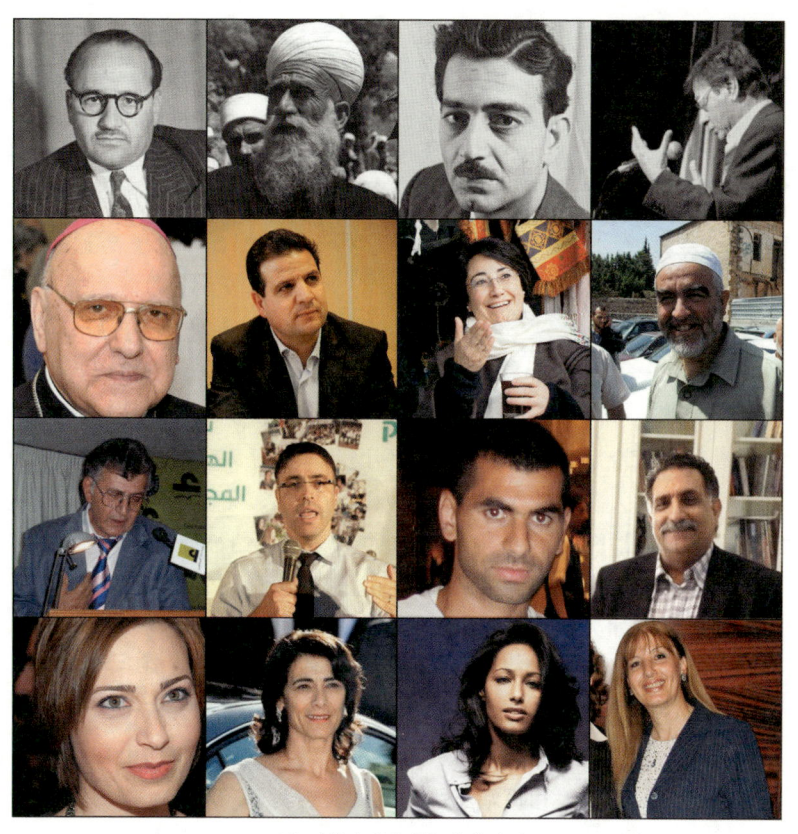

以色列社会的各界阿拉伯名人

中失去财产的以色列阿拉伯人都属于"缺席者",他们无法收回自己的财产。可见,以色列法律允许犹太人收回他们的土地,但不允许阿拉伯人收回。21世纪初,内盖夫和加利利的几个社区定居点被指控禁止阿拉伯申请者入住。2010年,以色列议会通过了一项立法,规定这些地区的民政部门可以对迁入加利利和内盖夫的较小社区的人进行资格审核,但同时明确禁止民政部门基于种族、宗教、性别、族裔、残疾、个人身份、年龄、父母身份、性取向、原国籍、政治观点或政治派别,而作出错误决定。然而,批评人士说,虽然做出了种种限制,但这项法律仍然给予了相关民政部门在公共土地上所具有的广泛和自由的裁

以色列北部港口城市阿克。在这座城市的老城区，阿拉伯人约占那里总人口的95%。

量权，而这将加剧对阿拉伯少数民族的歧视。

阿拉伯人与犹太人同等服兵役的义务也没有得到法律支持。1986年以色列议会通过的《安全兵役法》规定，年满18岁的每一位以色列居民都有服兵役的义务。虽然法律对居民没有进行民族或宗教区分，但以色列国防军的征兵官员可以自行决定是否征兵。在大多数情况下，以色列国防军都避免征召阿拉伯人，而德鲁兹人和贝都因人则从20世纪50年代末就开始被征召。

官方豁免阿拉伯人服兵役的理由是，国家不想让他们陷入一种尴尬境地，即如果他们参军，则一方面要保护本国国民的安全，另一方面则要面对对国家安全造成威胁的巴勒斯坦人或其他国家的阿拉伯人。这就导致符合条件的以色列犹太人可顺利被征召入伍，但绝大多数以色列阿拉伯人却无法参军。近年来，以色列政府内部也在认真讨论让以色列阿拉伯人和极端正统派犹太人这两个未应征入伍的群体自愿服兵役的方案。然而，目前这一讨论还未取得实质性进展。

目前，每个以色列人都享有平等的社会福利。但是，在《独立宣言》中明确宣示的"完全平等"的基本承诺并没有完全实现，以色列阿拉伯人在许多领域仍然受到歧视。他们意识到自己的基本公民权利，但当涉及政府预算在教育、住房、社会福利等公共服务领域的投入问题时，仍然可以看到，阿拉伯人与犹太人存在巨大差距。与其他一些发达国家不同，以色列议会通过的法律没有规定国民有权享有的教育、住房、医疗卫生、基础设施等公共服务的标准。这些事项须由政府各个部门来决定，各个部门决定其预算优先事项，因此一般会将资源分配给最支持政府并在政治上认同其政策的群体。

在过去的一些判决中，对于可能存在歧视性的预算，以色列最高法院进行了非常详细的审查，甚至干预了政府在这些问题上的决策。例如，在其中一个案件中原告认为，劳动和社会事务部选择在犹太人传统的逾越节的前夕拨出资金帮助需要帮助的人，但在穆斯林节日之前却没有这样做，这是一种歧视行为。劳动和社会事务部后来承认，应不分宗教差异而平等分配拨款，并对资金分配标准进行了调整。在另一个案件中，原告称，宗教事务部忽视了为阿拉伯人的墓地划拨资金的职责。法院受理了起诉，并责令财政部将资金平均分配给所有教派。

目前在以色列的立法和司法裁决中，平等分配资金被认为是一项有约束力的原则，但这一原则通常得不到足够支持，阿拉伯人的非政府组织被迫一再要求以色列最高法院下令进行公平分配。此外，当法院确实接受请愿，责令相关部门按照平等原则确定预算时，却只提到未来的行动和下一个预算年度。但是，应该看到的是，自20世纪90年代以来，在犹太人和阿拉伯人之间分配资金方面已经得到很大改善。

然而，阿拉伯人仍面临重重困难，前文提到的卡丹案就是一例。

在以色列社会，卡丹案引发了一场关于民主和犹太国家本质的激烈辩论，触发了关于从法律上确立以色列为犹太民族国家的立法进程，促成了2018年《基本法：以色列——犹太人的民族国家》的通过。如今，以色列在宪法和法律层面将自己认定为犹太人的民族国家，而没有提及其他少数民族。因此，该项基本法强化了阿拉伯人在以色列社会原有的困局，可以预见，在未来的法律实践中，阿拉伯人仍将面临较为尴尬的境地。

对于阿拉伯人在以色列的地位，以色列外交部的第一位贝都因裔高级官员伊什梅尔·卡哈迪认为，虽然以色列社会远非完美，但以色列的少数

以色列的阿拉伯儿童

族裔生活得比中东任何其他国家都好。他曾说道:"我是一名自豪的以色列人,与许多其他非犹太以色列人一样,如德鲁兹人、巴哈伊教徒、贝都因人、基督徒和穆斯林,他们生活在一个文化最为多元化的社会,也是中东唯一真正的民主国家。和美国一样,以色列社会远非完美,但它让我们诚实对待。无论以什么标准来衡量——教育机会、经济发展、妇女和同性恋权利、言论和集会自由、立法代表,以色列的少数民族在这些方面的表现远远好于中东任何其他国家。"

凯撒的或许也归上帝

> 我们这些不信教的以色列人也有一个梦想,我们想要生活在一个开明、开放和公正的国家,而不是生活在某种救世主式的、拉比式的君主制中,也不是生活在整个以色列的土地上。我们来到这里是为了在自己的土地上做一个自由的人。
>
> ——阿莫斯·奥兹

在当代很多西方国家,尽管主流宗教对政治和社会的掌控已远不如过去,但依然在很多方面有着不小影响。而在以色列,这种影响尤为明显。西谚有云"上帝的归上帝,凯撒的归凯撒",到了以色列,恐怕就成了"凯撒的或许也归上帝"。

自20世纪70年代以来,在每年的6月,很多西方国家的城市都会举办被称为"骄傲游行"的同性恋者大游行,届时很多同性恋者云集在城市主要街道,挥舞着七色彩虹旗。后来,到了1993年,特拉维夫也举办了以色列第一次同性恋者大游行。与特拉维夫不同,耶路撒冷是个宗教气息浓厚的城市,居住着很多极端正统派犹太人。由于犹太教反对同性恋,在耶路撒冷公开进行大型的相关活动会面临很大压力。

极端正统派犹太教群体又被称为"哈雷迪"(Haredi),是以色列正统派犹太人的一支,他们严格遵守犹太教律法和传统,抵制世俗化的生活方式。

图为 2019 年 6 月，在特拉维夫举行的"骄傲游行"。

2002 年 6 月 8 日，在极端正统派犹太人和其他宗教团体的抗议声中，耶路撒冷举行了第一次同性恋骄傲游行。此前，极端正统派犹太人已感到十分愤怒，他们谴责这是一场罪恶的庆典，甚至有人威胁要发动恐怖袭击。但数百名同性恋者和他们的支持者没有被吓倒，在警察的严密护卫下，他们游行穿过耶路撒冷市中心，其中一名男子身穿红色天鹅绒连衣裙，头戴金色假发，辫子长及腰部；一个十几岁的女孩在她的背上绑着彩虹色的蝴蝶翅膀，许多人挥舞着彩虹旗。

自 2002 年以来，同性恋大游行已成为耶路撒冷的一项固定活动，每年都会有很多同性恋者参加。到了 2005 年，耶路撒冷市政府发布了一项禁令，试图阻止游行，但被地方法院裁决推翻。抗议者站在长达一英里的游行路线两旁，高喊着侮辱性口号，并举着写有"你们在腐蚀我们的孩子""耶路撒冷不是旧金山"等字样的标语。游行期间，极端正统派犹太人伊沙伊·施利塞尔持刀刺伤了三名游行参与者。在警方的审讯中，他描述了自己行为背后的动机："我是代表上帝来杀人的，我们国家不能有这样可恶的东西。"凶手随后被判犯有三项谋杀未遂罪，并被判处 12 年监禁。耶路撒冷地区法院还下令向受害者支付 2.8 亿新谢克尔（约 6000 万美元）作为赔偿。

2008年，以色列最高法院驳回了要求禁止在耶路撒冷举行同性恋大游行的请愿。2015年，施利塞尔获释，并在当年的耶路撒冷同性恋大游行中再次发动恐袭，并杀害1人，伤及6人。此后，参加耶路撒冷同性恋大游行的人逐年减少：由2016年的2.5万人减至2022年的7000人。

2022年6月2日，一年一度的耶路撒冷骄傲游行再次举行。警方严阵以待，他们配备有警棍、催泪瓦斯和手套，游行经过的街道上也部署了不少警力，一架警用直升机在上空盘旋。警方逮捕了三名涉嫌威胁该活动的人。有人在发给工党议员、长期支持同性恋者权利的吉拉德·卡里夫的威胁信中写道："我们不会允许骄傲大游行在圣城耶路撒冷举行。"有报道称，政府正考虑将一些反对同性恋者的团体列为恐怖组织。

近年来，以色列已成为一个对同性恋较为友好的地方，这与该地区的其他国家形成了鲜明对比。在中东多数国家，同性恋者经常受到迫害，甚至被杀害。如今，在以色列的同性恋群体中，有人在议会、政府和军队中担任高级职务，现任卫生部长就是公开的同性恋者。但

耶路撒冷老城的极端正统派犹太人

同性恋群体的领导人表示，以色列在促进同性恋者平等权利方面还有很长的路要走。

然而，也应注意到的是，虽然以色列法律保障同性恋群体的合法权利，但由于犹太教对同性恋的憎恶，导致法律上对同性恋者的保护往往受到现实的重重挑战。每年的耶路撒冷骄傲游行都不可避免会有遭到袭击的风险，对此，警方往往以安全为由要求游行队伍改变游行路线，或缩小集会范围。

和很多西方国家不同，在以色列法律中，宗教性的规定较多，这是由以色列特殊的历史造成的。尽管在后来的社会变迁中，一些与时代发展格格不入的宗教性规定或偏向宗教群体的法律条款得到了部分修订，但很多时候，受制于以色列强大的宗教团体力量，修订的法律并不能很好地被执行，这也越来越多地成为以色列社会面临的一个问题。

以色列的人口组成主要是犹太人、阿拉伯群体和其他少数族裔。虽然作为一个民主国家，以色列规定各民族在宗教信仰和政治权利方面享有平等的权利，而且以色列也并未有法律明文规定将犹太教定为国教，但是作为一个世俗国家，宗教却对以色列有着重要影响。

在设计未来的犹太人国家时，犹太复国主义运动的先驱西奥多·赫茨尔梦想将来的犹太国是一个世俗国家，在这个国家里，宗教将没有任何影响。赫茨尔在1896年出版的《犹太国》一书中写道："我们将把我们的教士限制在他们所在寺庙的范围内。"事实上，这一设想并没有实现。

犹太人是通过犹太复国主义运动最终建立了以色列国家，而犹太复国主义运动并非完全的世俗运动，早期的犹太复国主义者就宣称，犹太人要回到古时上帝许诺给犹太人的土地上建立自己的国家。这是一种宗教色彩非常浓厚的话语，后来建立的以色列国家也使用种种有着犹太教元素的事物来宣示自己的国家特性，例如蓝白条纹的国旗让人联想到犹太人祈祷时用的披巾，国徽中央的七枝烛台是犹太教会堂的常见物品。

"宗教是以色列人身份的一部分，"以色列历史学家汤姆·塞格夫说。几乎每个以色列人都与宗教有某种联系，例如犹太男孩在出生8天后要进行割礼，以作为犹太人与上帝立约的象征。可见，大多数世俗以色列人显然将宗教视为他们文化的一个方面，即使很多人内心认为自己不信教，却遵守许多传统的宗教习俗，如在犹太人最重要的节日赎罪日禁食，在安息日晚上准备面包和酒，或在逾越节开始时举行传统的逾越节家宴。

犹太教强调人与上帝的神圣关系，再加上宗教和民族因素的混合，都不利于以色列实行政教分离。就像以色列国父本－古里安所说："政教分离的便捷解决方案……即使在以色列被采纳，也无法真正实现这一原则。"自建国以来，以色列关于政教分离的讨论从未终止，尤其是世俗派犹太人和其他少数族裔都支持政教分离，但在很大程度上，以色列仍然是一个政教融合的国家，犹太教在公共生活和国家事务中的重要影响以法律和法规的形式得以体现。

宗教传统往往以不成文的规定融入以色列人的社会生活中，并得到法律上的确认。

在以色列，除了安息日禁止劳动等规定，很多法律也有着强烈的宗教性，比如限制养猪的规定和禁止在逾越节期间公开展示发酵粉的法律规定。犹太教规定的饮食戒律尤能体现宗教律法在以色列社会生活中的影响。犹太教对饮食有许多禁忌，尤其是那些虔诚的犹太教徒，更是严格遵守犹太教的饮食规定。依照"犹太饮食法"（Kashrut）的规定，食物有"洁净"与"不洁净"之分，符合犹太教规定的食物被称为"洁食"，希伯来文为"Kosher"，意为"洁净、完整、无瑕"；不符合规定的则禁止食用，包括

位于特拉维夫本－古里安国际机场的一家出售犹太洁食食品的麦当劳餐厅。

猪肉、马肉、骆驼肉、贝类动物和大多数昆虫、猛禽和无鳞鱼等。1994年，以色列议会立法禁止进口不符合犹太教饮食规定的肉制品。

除了对可以食用的食物种类范围进行规定，犹太教还对食物的原料和处理方法有详细的规定，例如屠宰动物时，必须一刀毙命，以减少动物死亡前的痛苦，并且要挑出脚筋，因此，从事屠夫职业的人一般也是精通犹太教律法的拉比。只有通过符合犹太教规定的处理方法的食物才能售卖。在以色列，所有的市场、超市都会有专门的"洁食"柜台。而售卖的洁食必须得到"洁食认证"，认证的流程为向认证机构提交犹太洁食认证申请表，标明要认证的食品的原料、辅料和生产过程，之后由拉比审核并查验是否合格，合格之后会拿到洁食认证，有效期一年，到期须重新认证。这些宗教律法成为以色列公共生活中的默认规则，起着类似世俗法律的作用。

有时，宗教律法要高于世俗法律，以色列的婚姻法就是一个极端例子。

以色列没有世俗婚姻，所有的婚姻程序都由宗教机构认证。以色列沿用奥斯曼帝国以及20世纪初英国委任统治时代的做法，在结婚与离婚等有关个人身份的变动上，都依宗教仪式与宗教律法进行。鉴于以色列国内存在多个宗教群体，为了避免不同教派之间的冲突，遂将婚姻事务的管辖权交由各自的宗教机构管理。管理犹太人婚姻的宗教机构是以色列首席拉比法院，同时还专门设立了基督徒、穆斯林和德鲁兹人的婚姻机构，全国共有15个宗教法院。以色列公民根据自己的信仰派别只能到相应的宗教机构进行注册结婚，这意味着只有相同信仰的伴侣才能够顺利完成婚姻登记，那些无宗教信仰人士以及信仰不同的伴侣则无法完成结婚登记。直到2010年，以色列议会才通过了针对无宗教信仰的公民的法律，允许一对新人在各自登记为不属于任何宗教的情况下在以色列合法结婚。不过以色列承认在境外注册的婚姻，因此许多面临这一问题的人选择到其他国家登记结婚来解决这一问题。目前，各个宗教机构都反对同性婚姻。国外登记的同性婚姻可以在以色列的入境人口移民署作记录，根据2006年以色列最高法院的判决，该记录将被严格认定为"统计目的"，以避免议会和政府可能对同性婚姻作出承认，这也反映了宗教律法对最高法院的影响。

结婚固然要受犹太教律法制约，面临种种限制，而离婚在以色列也并非易事，尤其是对犹太女性来说。根据以色列议会在1953年通过的《拉比法院（婚姻和离婚）管辖权法》，作为以色列公民或居民的犹太人的结婚和离婚事务完全遵照犹太教律法进行。而且按照犹太教律法规定，女性不能担任拉比法院的法官。这些裁决适用于所有以色列犹太人，无论是正统派、保守派、改革派还是世俗派。按照犹太教律法规定，婚姻是圣事，婚姻的目的是使男人和女人的灵魂更加完整。拉比法院允许人们离婚，但根据对犹太教律法传统的解释，结束婚姻必须得到丈夫的同意。这种传统在犹太教律法中已经存在了几百年，在以色列，犹太人离婚要举行离婚仪式才算最终结束，程序是：丈夫将手写的离婚判决书递到女方的手心里，女方接受后高举起离婚判决书。然后由一位拉比撕掉文件的一部分。只有完成这一过程，离婚才得以完成。离婚后，男女双方都有再婚的权利，但女子必须要等三个月，以确定没有受孕。关于离婚的规定明显对女方更为不利，如果男方不同意离婚诉求，女方就无法结束婚姻。

犹太教律法在以色列国内结婚和离婚问题上的适用，以及公民和居民受到宗教法庭的专属管辖，都属于宗教律法对社会事务的强制性干涉。这些规定与世俗社会的宗教自由原则严重不符。将婚姻置于宗教权威之下导致宗教对人们施加了更广泛的限制，而女性更容易受到这种宗教权威的不公正对待，比如，犹太教规定，放弃犹太教信仰的女性没有财产权；女性和那些犯了亵渎安息日罪的人不能作为证人。至少在耶路撒冷，新娘在结婚前必须进行沐浴仪式，婚礼必须在一个仪式上纯洁的地方举行，而且婚礼不得在新娘的经期或其后的七天内举行。这些宗教意味强烈的规定已很难在世界上其他任何一个现代法治国家的法律中看到。

此外，以色列欢迎全世界各地的犹太人到以色列定居，这项原则已通过《回归法》得以确立，但问题是如何确定"犹太人"的身份。实际上，在界定移民是否适用《回归法》所框定的以色列公民身份时，其依据仍然是犹太教律法所规定的标准，即血缘或宗教信仰。血缘主要是指母系血统（包括母亲和祖父母）是犹太人，宗教信仰是指皈依犹太教。前者是由出身决定的，后者则要通过研习犹太经典，接受犹太信仰、习俗和文化历史，并通过拉比的考核，最终完成皈依仪式后方能被承认为犹太人。

宗教在以色列国家事务中的影响主要表现在：宗教政党参与政治生活、国家对宗教教育的资助以及宗教法规对服兵役问题的特殊适用等方面。

以色列的宗教政党主要有沙斯党、国家宗教党和"托拉犹太教联盟"三大党派。这些政党代表了犹太教不同教派的立场，但基本上都维护犹太教的价值体系和道德传统。虽然宗教政党参政是以色列多党执政的政治民主化的体现，但是以色列政党林立、单一政党难以完成组阁的现实导致宗教政党往往成为其他主要政党的拉拢对象，对以色列的政治生活产生了重要影响。为了获得议会中宗教政党的支持，其他政党往往做出妥协，并作出有利于宗教政党价值观的竞选承诺，从而削弱了以色列的公民权利和宗教自由。

在以色列，许多宗教机构都能得到政府资助，提供资助的部门包括宗教事务部、教育部、内务部、劳动和福利部以及其他特定项目的预算部门。这些机构中许多表面上都与宗教事务无任何关联，但间接地促进了宗教机构的发展。最主要的资助部门是宗教事务部，该部门的预算主要用于为极端正统派犹太人提供教育和社会服务，例如资助犹太宗教教育机构"耶希瓦"（yeshiva）和犹太宗教研究机构。此外，

极端正统派犹太人游行，反对政府对犹太经学院学生征兵。教俗矛盾已成为以色列社会的主要矛盾之一。

该部门还为一些针对全体犹太人的公共服务提供资助。

值得一提的是，立法确立的宗教教育体系是以色列教育体系中十分重要的组成部分。建国后不久，以色列就颁布了《义务教育法》，规定所有5岁至14岁的儿童都有接受义务教育的权利。但是，以色列的初级教育分为世俗教育和宗教教育，世俗教育主要由公立世俗学校提供，公立犹太宗教学校和私立犹太宗教学校则主要提供犹太教教育，阿拉伯或德鲁兹学校则主要提供阿拉伯传统教育。

以色列《义务教育法》规定，父母可以自由选择让子女接受世俗教育或宗教教育。然而，在对这两种教育的支持上，以色列明显更偏向宗教教育。在以色列，公立宗教学校和私立宗教学校往往只收取很低的费用或全部免费，因此在招生时往往比世俗教育体系更有优势。其结果是，更多的家庭选择在宗教学校接受教育，而这些学校基本上只提供犹太宗教与文化教育，几乎没有非宗教课程，而且教育部无权干涉这些学校的课程设置与招生。这很可能导致学生和他们的家庭转

2012年1月，美国驻以色列大使丹尼尔·夏皮罗（中间坐者）参观位于耶路撒冷的"米尔耶希瓦"。当时的"米尔耶希瓦"是以色列最大的犹太宗教学校，有7500多名学生。

向极端正统派的生活方式。

极端正统派犹太人的思维和生活方式与现代社会有很大差异,他们认为男性的主要任务是研读圣经,因此男子通常不出去工作,由政府提供生活支出。而且,极端正统派鼓励生育,人口增长十分迅速。这不仅是一种信仰的变化,还会导致结构性的社会变革。一方面,生育率高、就业率低是这一群体的主要特点;另一方面,以色列在许多方面都给予这一宗教群体特权,包括免除他们的税收、政府对其发放补贴等。目前,极端正统派群体面临着经济社会方面的诸多问题,日益成为以色列社会矛盾的集中体现。

2014年5月,以色列最高法院不顾极端正统派犹太人的反对作出裁定,认为向耶希瓦的学生发放福利的做法涉嫌歧视普通大学学生,要求以色列政府取消这些福利。由最高法院院长阿瑟·格鲁尼斯领导的七名法官组成的合议庭裁定,在2014—2015学年,以色列政府不得再向耶希瓦学生发放津贴和奖学金。因为法官们发现,提供给耶希瓦学生的资助在执行中往往大大超出预算,虽然与此同时也增加了对普通学校学生的奖学金数额,但两者之间的差距非但没有缩小,反而在扩大,这违反了公平精神。合议庭认为,这些福利并没有鼓励这些学生在完成学业后进入就业市场,而这正是他们应该做的。此前,这些每月发放的津贴分四年发放,旨在确保耶希瓦的学生在学习期间的每个月都能拿到最低工资,即每月超过4000新谢克尔(约合1150美元)。政府希望,一旦学生们离开耶希瓦,就会进入就业市场,开始自食其力。然而,法官们认为,这种希望落空了。他们指出,在以色列之外,大多数极端正统派犹太人都是一边工作,一边从事宗教研究,显然以色列的极端正统派犹太人理应也如此。该裁决已于2015年1月生效。

以色列法律还规定,极端正统派犹太人在服兵役方面也享有特权。以色列在1959年颁布了《兵役法》,之后又通过了《预备役动员法》《预备役训练大纲》等20余项法律和法规,形成了全民义务兵役制。因此,在以色列,犹太公民到了18岁高中毕业后,都要先到部队服兵役,男性三年,女性两年。义务兵役期满后,将转入预备役。不过,极端正统派却一直享有免服兵役的特权。虽然2017年以色列最高法院以极端正统派犹太人免服兵役属违反基本法为由，废除了这一特权，但遭到强烈反对，很多极端正统派犹太人依旧通过签署延期服役令来逃避这项义务，直到过了服役年龄。宗教在军事方面的影响还体现在，服役士兵被强制施加了种种宗教规范。例如，以色列军队在安息日强制要求士兵参加军队拉比主持的活动。

以色列法律对犹太教的妥协造成了这样一个结果：在以色列，犹太教有着不同寻常的影响力。在关于婚姻、安息日、界定犹太人身份和服兵役等重大问题上，很多看似属于世俗范畴的事项往往受到宗教规范的强力干预。虽然以色列不能称为完全意义上的政教合一的国家，但是二者在许多方面都不能清晰地分离开来，这导致教俗冲突已成为以色列社会最主要的问题之一。宗教自由的原则也经常遭到质疑，引发公众的广泛讨论。

慎用死刑的国家

《塔木德》教导说："你需要的是一个清晰的目击者陈述，它没有被任何其他目击者反驳，它必须经过所有法官长时间的交叉盘问，他们必须确定是否能找到任何理由来质疑这个陈述。只有在整个过程结束后，他们才会执行这种惩罚（死刑）。"《塔木德》还强调，希望这种情况极少出现。

——列维·朗格

犹太教律法教导说："如果70年执行一次死刑，就会被认为是残酷的法庭。"

——萨拉·雷·佩尔曼

自第二次世界大战结束后，有越来越多的国家或完全废除了死刑，或虽存有死刑判决但不再使用死刑。在继续实行死刑判决的国家中，以色列是一个事实上的废除死刑的国家。虽然死刑在法律上是一种合法判决，但以色列几乎不使用死刑。

英国委任统治时期，死刑判决依照英国当局制定的《防卫条例》，可对阿拉伯人和犹太人执行死刑。在20世纪30年代的阿犹冲突期间，以及20世纪40年代，为了应对阿拉伯人的骚乱和犹太地下运动，根据《紧急条例》，英国委任统治曾对阿拉伯和犹太武装分子判处过死刑，该条例授权军事法庭审判平民，在那里他们可能被判处死刑，并被处决。

以色列国建立后继承了英国委任统治时期的法律，只做了一些微调，因此保留了死刑，其中包括对几种罪行判处死刑，包括种族灭绝罪、战争罪、危害人类罪和叛国罪。以色列还保留了英国的紧急立法，即《国防（紧急）条例》，该条例允许对国家安全犯罪判处死刑。

在1948年的独立战争中，临时军事法庭裁决，梅尔·托比安斯基因涉嫌向约旦军队传递情报而被判叛国罪。以色列军方在没有律师参与的情况下非法作出了死刑判决，且拒绝上诉。处决之后，对该案的复审证实托比安斯基无罪。由于这一案件的错判，有人提议废除死刑，以避免死刑本身的缺陷，随后以色列决定如果再出现死刑判决，必须上报上诉法院，得到批准后才可以执行。可判处死刑的罪行在地区法院审判，该法院由三名法官组成，由最高法院的一名法官主持。法律规定，最高法院在判处死刑时自动进行强制性复核。以色列总统保留减刑或赦免的权力。

1949年11月，以色列法院首次对两名犯有谋杀罪的阿拉伯人做出了死刑判决，但由于总统哈伊姆·魏茨曼反对对其判处死刑，于是减刑为终身监禁。1949年7月，以色列内阁首次考虑废除死刑。1950年的《纳粹和纳粹合作者（惩罚）法》对最严重的罪行规定了强制性的死刑判决。1951年，以色列内阁再次提议废除死刑。

1952年，依照《纳粹和纳粹合作者（惩罚）法》，耶切克尔·英格斯特被判处死刑。英格斯特是唯一一个因大屠杀期间犯下的罪行而被判处死刑的犹太人。英格斯特负责德国格罗斯-罗森集中营的一个街区，被判犯有谋杀、虐待和致囚犯死亡罪。"他是营地管理人员中的魔鬼。我看到他每天用手、鞭子、棍棒和任何他能得到的东西殴打囚犯,"一名幸存者在审判中说。一名控方证人在谈到英格斯特的行为时,谈到了"可以想象的最糟糕的地狱"。英格斯特被判犯有反人类罪并被判处死刑,但他失去了一条腿并且患有心脏病,最高法院接受了他的上诉,并减刑为有期徒刑。他最终被赦免,但在获释几天后就去世了。

1953年,又一个谋杀犯被判处死刑,但并未执行。六年后,被定罪的凶手获得了总统特赦。1954年,以色列议会最终投票废除了对普通谋杀罪的死刑,但对战争罪、危害人类罪、危害犹太民族罪、叛国罪和战时军事法规定的某些罪行仍保留了死刑。

除了梅尔·托比安斯基错判一案,以色列至今唯一执行死刑的案件发生在1962年,罪犯名叫阿道夫·艾希曼。

艾希曼是纳粹党卫队军官,也是针对犹太人的种族大屠杀的主要策划者和实施者之一。1960年5月,在藏匿阿根廷多年后,艾希曼被以色列情报机构"摩萨德"的特工秘密抓捕,并带到了以色列接受审判。在开始的审判中,艾希曼被判犯有反人类罪和反犹太人罪,并被判处死刑。

1961年4月,在耶路撒冷地区法院,对艾希曼的审判正式开始。100多名大屠杀幸存者提供了证词和数百份文件作为证据。他们控诉艾希曼是大屠杀的主要策划者,认为后者组织并实施了令人难以置信的棘手的后勤工作,涉及将犹太人大规模驱逐到犹太区、集中营,并最终将大批犹太人杀害。

艾希曼为自己辩解称,他从未杀过任何人,也没有下达过杀人命令。正如他所说,他只是"忠诚、顺从、乐于为祖国服务"。与艾希曼的论点相反的是检察官和他传唤的许多证人数小时的证词,以及前纳粹分子的宣誓书,他们说艾希曼实际上是一个重要的决策者。艾希曼随后说,他在纳粹机器中"只是一个小齿轮",没有真正的权威。"我无法预料,我无能为力,我的地位太卑微了,"他说,"我只是处理火车时刻表和疏散运输者的技术问题。"

艾希曼声称,作为一名火车时刻表技术员,他起初并不知道火车的最终目的地是死亡集中营。

主审法官摩西·兰道驳回了艾希曼受命行事的说辞，称他的犯罪目的是"将整个民族从世界上消灭"。艾希曼下令每列火车都开往奥斯维辛和其他死亡集中营，每列火车都载有一千人。法官说："在这种情况下连续多年行动的人必须接受所有惩罚。此外，我们发现被告在内心认同这些命令的目的，并被达到其目的的欲望所激励。"

法庭正在审判艾希曼

兰道法官以严肃的语气补充道："对被告应有的惩罚必须是法律规定的最高刑罚。"他说："法庭判处你，阿道夫·艾希曼死刑，罪名是对犹太人犯下的罪行、反人类罪和战争罪。"法院决定判处最高刑罚是"为了震慑他人"，鉴于艾希曼行为的严重性，艾希曼的罪行是"罄竹难书的滔天罪行"。最后，法院一审认为，艾希曼不仅服从命令，而且全心全意地拥护纳粹事业，是大屠杀的主要犯罪者。

1961年12月，艾希曼被判犯有反人类罪、反犹太人罪和战争罪等15项罪行，应处以死刑。一些以色列领导人对艾希曼的命运展开了辩论。以色列议会的大多数人主张执行死刑，但少数人坚持，认为判其终身监禁更人道。

艾希曼的辩护团队向以色列最高法院提出上诉。在1961年年底，法院重新开庭听取判决。上诉由最高法院的五名法官组成的合议庭审理。艾希曼的辩护团队主要从以色列是否具有审判权，以及艾希曼被指控依据的法律的合法性问题展开辩护。为了证明以色列具有对艾希曼的审判权，法院引用了六种语言的法律权威，时间跨度从1625年荷兰法学家胡果·格劳秀斯出版的国际法著作，到1948年签订的联合国种族灭绝公约。法院认为，尽管这些罪行发生时以色列国家还不存在，但以色列现在代表着所有犹太人，自然有权对纳粹大屠杀这样的罪行进行审判。

1962年5月29日，最高法院驳回上诉，维持了耶路撒冷地区法院的判决。艾希曼立即向以色列总统伊扎克·本－兹维请求宽大处理。著名人士如以赛亚·柏林、雨果·伯格曼、赛珍珠、马丁·布伯和恩斯特·西蒙都反对使用死刑。本－古里安召集了一次特别内阁会议来解决这个问题。内阁决定向本－兹维总统建议不要宽恕艾希曼，本－兹维拒绝了宽恕请求。5月31日，艾希曼被告知，请求总统宽大处理的请求已被驳回。当天，艾希曼在耶路撒冷城外的一所监狱里被绞死。

艾希曼一案较为特殊。在艾希曼受审之前，很多以色列年轻一代并不清楚纳粹大屠杀这一史实，但历时八个月的审判把犹太民族遭受的这一巨大灾难清晰地呈现在世人眼前。从此，以色列人才真正知道了曾经发生过什么，也由此理解了为什么犹太人要建立以色列国家：只有建立犹太人自己的国家，才能免于遭受屠杀。

对艾希曼的审判前后历时八个月，整个审判过程是公开和透明的。来自世界各地的500多名记者前往耶路撒冷报道了这次审判。以色列政府允许艾希曼家人聘请德国人罗伯特·塞尔瓦修斯作为艾希曼的辩护律师，由于艾希曼无力支付律师费用，以色列政府代为支出。值得注意的是，这是历史上第一次有影像记录的审判，从而以更为直观的方式将纳粹大屠杀的惨剧告诉了全世界。

在接下来的几十年里，被判犯有恐怖主义罪行的人偶尔会被判处死刑，但也总会被减刑。例如，1965年，从约旦越境进行袭击的巴勒斯坦人马哈茂德·赫贾兹被以色列军事法庭判处死刑。1983年，以色列洛德军事法庭判处两名以色列籍巴勒斯坦人死刑，罪名是谋杀一名以色列士兵。1988年，曾在纳粹集中营担任警卫的约翰·德米扬鲁克被引渡至以色列受审，后被控犯有战争罪被判死刑，但在1993年，以色列最高法院认为证据不足，

特拉维夫恐袭事件中被烧毁的公共汽车残骸

推翻了死刑判决。20世纪90年代中期开始，对面临恐怖主义指控的人已不再判处死刑。通常情况下，终身监禁已成为最严厉的惩罚，而死刑只适用于纳粹大屠杀的参与者。

1978年3月，以色列北部发生了一起重大恐怖袭击事件，《时代周刊》称这次事件是"以色列历史上最严重的恐怖袭击"。当时，巴勒斯坦解放组织法塔赫的9名恐怖分子乘船抵达以色列，先是杀害了一名犹太裔美国摄影师，随后劫持了一辆公共汽车，并命令司机带他们去特拉维夫。随后，他们又劫持了第二辆巴士，将车上所有人扣为人质。在抵达特拉维夫后，这些恐怖分子和以色列安全部门之间发生了枪战，共造成34名无辜者死亡，其中包括13名儿童。

9名恐怖分子中7人被击毙，其余两人被捕，并在利迪亚市的军事法庭接受审判。他们被控13项罪名，包括枪杀平民、使用爆炸物以及加入敌对组织。审判于1979年8月9日开始，由法官阿哈隆·科尔佩林主持，以色列著名的支持巴勒斯坦人权利的律师利亚·特斯梅尔为凶手作辩护。

由于杀戮众多无辜者，以色列国内不少人强烈要求对凶手判处死刑。然而，其中一名被捕的恐怖分子不到18岁，根据以色列法律，不能被判处死刑。另一名被告20岁出头，可判处死刑。以色列总理、国防部长、司法部长和军事检察官就这一具体案件的死刑判决进行了政治和法律层面上的辩论。最后，尽管案情事实清楚，凶手作案动机明确且手段极其残暴，但仍然没有被处以死刑。1979年10月23日，两名凶手所有13项罪名成立，被判处终身监禁，并在监狱中度过了7年，直到1985年被释放。

在20世纪90年代，还发生了一起影响深远的重大事件，即总理伊扎克·拉宾被刺事件，凶手伊格尔·阿米尔同样未被判处死刑。

阿米尔出生于1970年，是也门犹太人，曾在以色列国防军服役。1993年，阿米尔进入巴伊兰大学学习法律和计算机科学。在大学期间，阿米尔表现出右翼激进分子倾向，并在特拉维夫参与组织了多次集会和抗议活动。他强烈反对拉宾1993年与巴勒斯坦领导人亚西尔·阿拉法特签署的《奥斯陆协议》，并支持犹太人定居点建设。阿米尔甚

伊格尔·阿米尔在法庭上

至向他的一个朋友透露，他计划杀死以色列总理。

1995年11月4日，拉宾和希蒙·佩雷斯总统出席了在特拉维夫的"以色列国王"广场（后来改名为"拉宾广场"）举行的支持与巴勒斯坦人和平的大型集会。当拉宾准备乘车离开时，守在附近停车场的阿米尔手持一把半自动手枪向拉宾开了两枪。拉宾被紧急送往附近医院，不到一小时后因失血过多去世。拉宾的一名保镖约拉姆·鲁宾也被击中受伤。阿米尔很快被当场抓住。

对阿米尔的审判从1996年1月23日持续到3月27日，先后有四名律师为其辩护。还有三名精神病学家和一名临床精神病学家对阿米尔进行了精神诊断，他们都认为阿米尔具有完全行为能力。

阿米尔承认谋杀了拉宾，并试图以宗教为理由为自己的行为辩护，他说拉宾是圣经中所描述的试图伤害犹太人的人，而他为了拯救犹太

2015年10月，人们在特拉维夫纪念拉宾遇刺20周年。

人，必须杀死拉宾，尽管这样做有违他的个性。埃德蒙·列维法官对此嘲讽说，阿米尔通过牺牲自己来实现所谓伟大信仰的说法是谎言，是想把自己的犯罪行为罩上一层神圣的光环。法院驳回了他的论点，他被判犯有谋杀罪，被判终身监禁，另外因伤害鲁宾被判 6 年监禁。在判决书中，三位法官写道："每一桩谋杀都是令人憎恶的行为，而摆在我们面前的这一行为更是令人产生七倍的憎恶感，因为被告不仅没有表示遗憾或悲伤，而且他还试图表明，他对自己犯下的行为无动于衷。如此平静地结束别人生命的人，只能证明他的价值观念已经堕落到可悲的地步，因此他不值得任何尊重，只值得同情，因为他已经失去了人性。"阿米尔随后提出了上诉，但遭驳回。

听闻判决后，拉宾昔日的亲密助手埃坦·哈伯在法庭外说，判决不会让拉宾死而复生，判决不是报复，也不是安慰。他说："我非常希望，在这个混蛋在监狱里腐烂之前，他会看到，他得到了与他想要的相反的结果……对伊扎克·拉宾来说，和平将为他的血债复仇。"

在以色列，终身监禁可在服刑 5 至 10 年后由总统复审后减为 20 至 30 年，如果表现良好，还可能进一步减刑，在此之后，囚犯将有资格获得休假和其他特权。然而，总统摩西·卡察夫并没有下令减刑，他说不会宽恕和赦免阿米尔。前总理本杰明·内塔尼亚胡和埃胡德·奥尔默特也表示，阿米尔永远不会被释放。2005 年，以色列议会通过了一项法案，禁止总统赦免任何暗杀总理的人。

自以色列建国至今，除了阿道夫·艾希曼一案外，尽管有少数案件作出过死刑判决，但从未执行过死刑。以色列不执行死刑的政策不太可能改变。尽管打击恐怖主义活动的斗争不断，但人权仍然高于安全。从更广阔的视野看，以色列不执行死刑也受到了国际范围内废除死刑趋势的影响。

成立于 1961 年的国际非政府组织——国际特赦组织一直致力于结束死刑。该组织认为，死刑是暴力的表现，而不是暴力的解决办法；死刑侵犯了两项基本人权：生命权和不受酷刑的权利。这两项权利都受到联合国 1948 年通过的《世界人权宣言》的保护。尽管国际法规定，死刑可用于谋杀等最严重的罪行，但国际特赦组织认为，死刑永远不

拉宾遇刺当天,以色列青年在事发地点燃蜡烛,纪念这位具有大无畏精神的杰出政治家。

是解决问题的办法。处决是最终的、不可撤销的惩罚,所以难以避免存在处决无辜者的风险。执行死刑的国家通常将死刑作为阻止犯罪的一种方式,但没有证据表明死刑在减少犯罪方面比监禁更有效。根据该组织的说法,死刑经常被用在扭曲的司法体系中:一些执行死刑最多的国家的法律体系非常不公平,许多死刑判决是在被告遭受酷刑之后被迫招供作出的;而且由于司法系统中的歧视,穷人以及种族、民族或宗教上的少数群体更可能被判处死刑。

严格来说,根据以色列法律,巴勒斯坦恐怖分子应被处以死刑,但以色列从未处决过在审判中被定罪的巴勒斯坦恐怖分子。以色列政府、军方和安全部门的一贯立场是不判处死刑,主要理由是,处决罪犯不符合以色列的安全利益:如果执行死刑,被判刑的人将被视为"烈士"。于是,以色列军方与美国和其他国家的军方一样,对恐怖分子实施了有针对性的暗杀或发起专门的军事行动。例如,巴勒斯坦解放组织"法塔赫"把1978年的那次重大袭击事件称为"烈士卡迈勒·阿德万行动",以纪念"法塔赫"领袖阿德万,后者在1973年4月以色列突袭黎巴嫩时被打死。作为对该事件的回应,以色列军方随即对"法塔赫"在黎巴嫩南部的基地发起了军事行动。以色列军方的这种做法在2006年得到了最高法院的认可。

近年来,右翼议员一直在推动这种情况的改变。2015年,以色列议会以压倒性优势否决了右翼以色列家园党提出的一项法案,该法案将使法官更容易对恐怖分子判处死刑。当年7月,该党成员提出了一项法案,允许多数主审法官判处一名恐怖分子死刑。该法案在一读时以 94 票对 6 票被否决。2017 年，在来到位于约旦河西岸哈拉米什定居点被一名巴勒斯坦人刺死的三名以色列人的家后，以色列总理本雅明·内塔尼亚胡呼吁对"严重案件"中的凶手判处死刑。2018 年 1 月，以色列议会以 52 票对 49 票的初步投票通过了一项法案，该法案支持以色列对与恐怖主义有关的谋杀判处死刑。

2022 年 5 月，以色列执政联盟的领导人提出一项法案，这项由国防部长利伯曼领导的以色列家园党起草的最新提案将允许军事法庭对被定罪的恐怖分子判处死刑。利伯曼说，这项立法应该非常简单和明确，那就是，杀害无辜平民的恐怖分子将被判处死刑，这些恐怖分子不会再享有便利的监狱条件，也不能在监狱里取得大学学位。然而，一些议员对该法案表示反对。前议员、左派作家乌里·阿夫纳里在《国土报》上发表的评论文章中表示："实行死刑会破坏以色列社会的基础。"为了成为法律，该法案必须在以色列议会通过三读。然而，观察人士指出，它也可能在成为法律后被最高法院推翻。

小结

通过本书的叙述可以看到，以色列的法律在很多方面并不完美，相反，在某些问题上甚至看起来有些面目狰狞，例如宗教过多地介入了世俗事务、对女性离婚权利的漠视、阿拉伯人法律权益保障的相对欠缺，等等。这些问题可以说是历史和现实复杂环境下的产物，所以修改或完善起来就显得很费劲，常常吵翻天也难以在短期内有实质上的推进。当然，以色列人并没有单单因某种问题产生于历史或受历史影响而忽视它。以色列人也明白自己的法律并不完美，他们也知道有些法律已经与以色列这个现代民主国家的身份显得格格不入，他们也难以忍受这样的状况再持续下去。一个国家制定法律的目的就是要保障国内所有人的合法权益，出于常识、理性、公正这些现代社会普遍推崇的价值标准，以色列人不断向那些不合时宜的法律条文发出抗议，近年来以色列在取消国内犹太教极端正统派特权上的多项立法举措就是很好的说明。

他山之石，可以攻玉。在当前建设法治国家的征程中，以色列的法律能够给我们带来哪些启迪呢？以色列虽然是小国，但其法律体系完备，民众知法和守法意识浓厚，也善于利用法律捍卫自身合法权益，这些方面都值得借鉴和学习。所以说，了解以色列法律，不但有助于异域知识的积累和国际视野的开阔，也应更多地着眼于自身的法制建设和体制创新。随着我国开放步伐的加快，近年来中国与以色列之间的来往越来越频繁，希望本书能够增进国人对以色列法律的认识，从而服务于中国的法制建设。

参考文献

[1] 张倩红：《以色列史》，人民出版社，2014。
[2] 张倩红、艾仁贵：《犹太文化》，人民出版社，2013。
[3] 劳伦斯·迈耶：《今日以色列：一个不安宁国家的画像》，钱乃复、李越、章蟾华译，新华出版社，1987。
[4] 丹尼尔·戈迪斯：《以色列：一个民族的重生》，王戎译、宋立宏校，浙江人民出版社，2018。
[5] 深圳市前海深港现代服务业合作区管理局编：《"一带一路"法治地图：以色列》（上），法律出版社，2019。
[6] 雷钰、黄民兴等编著：《列国志·以色列》，社会科学文献出版社，2011。
[7] 中国国际贸易促进委员会法律事务部、中国经济信息社编著：《"一带一路"国别法律研究·以色列》，新华出版社，2018。
[8] 张倩红主编，张礼刚、艾仁贵、马丹静副主编：《以色列蓝皮书·以色列发展报告（2020）》，社会科学文献出版社，2020。
[9] 魏道思拉比：《犹太文化之旅：走进犹太人的信仰、传统与生活》，刘幸枝译，江西人民出版社，2009。

[10] 张倩红、张少华:《犹太人千年史》，北京大学出版社，2016。

[11] 阿巴·埃班:《犹太史》，阎瑞松译，中国社会科学出版社，1986。

[12] 徐新:《犹太文化史》，北京大学出版社，2006。

[13] Christian Walter, Barak Medina, Lothar Scholz, Heinz-Bernd Wabnitz, eds., *The Israeli Legal System: An Introduction*, Nomos Verlagsgesellschaft, 2019.

[14] Shimon Shetreet, Walter Homolka, *Jewish and Israeli Law: An Introduction*, Gruyter, 2017.

[15] 国际劳工组织（International Labour Organization），https://www.ilo.org/ifpdial/information-resources/national-labour-law-profiles/WCMS_158902/lang--en/index.htm.

[16] 以色列教育中心（Center for Israel Education），https://israeled.org/resources/documents/israels-basic-laws/.

[17] 以色列议会（The Kenesset），https://main.knesset.gov.il/en/Pages/default.aspx.

[18] 以色列最高法院（Supreme Court of Israel），https://supreme.court.gov.il/sites/en/Pages/home.aspx.

[19] 汤森路透公司（Thomson Reuters），https://uk.practicallaw.thomsonreuters.com/5-564-7346?transitionType=Default&contextData=(sc.Default)&firstPage=true#co_anchor_a551983.

[20] 网络犹太图书馆（Jewish Virtual Library），https://www.jewishvirtuallibrary.org/israeli-arabs.

附录 1

中以交往一枝春

2022 年 1 月 24 日是中国和以色列建立大使级外交关系的 30 周年纪念日。在过去的 30 年，中以关系已经发生了翻天覆地的变化，两国交往经历了前所未有的发展阶段。不仅如此，早在 2017 年，中以就正式为两国关系定位，确立了"创新全面伙伴关系"，以创新为抓手，推进两国关系稳步向前发展。沉浸在喜悦之中的我，思绪禁不住回到建交之前的 1988 年。

那年的 6 月 22 日，当美联航从芝加哥直飞以色列的航班在本-古里安机场降落时，我即刻意识到自己的一个梦想成真了。与此同时，自己也在不经意间创造了一项无人可以打破的中以交往史记录：成为中国与以色列正式建立大使级外交关系之前第一位应邀访问以色列并即将在希伯来大学公开发表学术演讲的中国学者。当时的激动心情至今难忘，尽管在那以后我又先后十余次造访以色列，每次访问都有不小的收获，但 1988 年的访问毕竟是我第一次踏上以色列国土，第一次来到中东地区，第一次走到了亚洲的最西端，第一次如此近距离贴近以色列社会。

为什么得以在彼时造访以色列？如何在中以没有任何正式外交关系的情况下获得访问以色列的签证？我眼中看到的以色列是一个什么样子？此行对我的学术生涯会造成什么样的影响？

坦率地讲，希望有机会访问以色列的想法与我此前两年在美国的经历有着密切的关联。

我第一次走出国门是 1986 年夏，那是我在南京大学工作的第 10 个年头。与彼时绝大多数出国人员不同的是，我去美国并不是留学，而是到美国的大学（芝加哥州立大学）执教。在机场，我受到芝加哥州立大学英文系主任弗兰德教授（Professor James Friend）的亲自迎接。在驱车进城的路上，他热情地告诉我他和他的夫人决定邀请我住到他的家中，希望我能够接受他们的这一邀请。这当然是一件喜出望外的事，尽管我在之前与他的通信中（当时由于尚未有互联网，人们之间的联系主要依靠书信。而一封信件的来回大约需要一个月到一个半月）提及希望他能够帮助我在学校附近租一个房子，因为芝加哥州立大学在决定聘用我的信中明确表示学校不提供住处，必须自行解决住房问题。

弗兰德教授是犹太人，1985 年秋，根据南大－芝州大友好学校交流协议曾来南大英文系任教。当时我是南大英文专业的副主任，除了行政方面的工作，还负责分管在英文专业任教外国专家的工作，因此与弗兰德教授有较为密切的接触，结下了深厚的友谊。实际上，我收到去芝州大教书的邀请就得益于他的推荐。他的夫人也是一位在大学教书的犹太人。他们的两个女儿当时已大学毕业离开了家，家中有空出的房间供我使用。能够住在他家中，显然为我这个初来乍到的人在美国生活开启了一个良好的开端，我没有丝毫犹豫就欣然接受。事实证明，由于是与一位熟悉的人生活在一起，我非常顺利地开始了在一个陌生国度的生活，没有经历绝大多数人都不可避免会在开始阶段感受到的文化冲击（culture shock）。我不用准备任何生活用品和油盐酱醋方面的物品，早晚餐和他们一起用，而且到学校教书，来回都搭弗兰德教授的便车（当然我当时尚不会驾车）。更为重要的是，生活在弗兰德的家中，不仅让我感受到家的温馨，认识和熟悉了他们的所有亲朋好友，而且与当地犹太社区有了广泛的接触。现在回忆起来，和他们生活在一起，简直就是以前所未有的方式"沉浸"在犹太式的生活之中，为我提供了一个了解犹太人和体验犹太式生活不可多得的绝佳机会。

在与犹太人交往的过程中,我对以色列这个世界上唯一的犹太国家开始有了新的认识:以色列不再只是依附于世界头号强国、不断引发周边冲突的暴力形象,而是一个为所有国民提供归属感的崭新国家。在那里,犹太民族成为主权民族,其传统不仅得到了很好的传承,而且不断发扬光大。我逐渐了解到古老的希伯来语早已在那里得到复活,成为以色列社会的日常用语,使用现代希伯来文进行文学创作的阿格农早在 1966 年便获得诺贝尔文学奖;基布兹作为以色列实行按需分配原则的农业形态一直生机勃勃,吸引了世界的目光。更重要的是,以色列被视为世界上所有犹太人的共同家园。

新的认识使得我有了希望能够去看一看的想法。或许是那两年与众多犹太人有过频繁交往,或许是我在犹太社区做过一系列讲座的缘故,熟识的犹太朋友主动为实现我这一愿望牵线搭桥——终于,在我决定回国履职之际,我收到以色列著名高等学府希伯来大学和以外交部的共同邀请,邀我对以色列进行学术访问。邀请方对我提出的唯一要求是希望我能够在希伯来大学做一场学术演讲,题目由本人决定。

根据安排,我有十天的访问时间。到达以色列时,我荣幸地受到以色列外交部的礼遇。中以建交后担任以色列驻华大使馆政治参赞的鲁思(Ruth)到机场接机,并陪同前往耶路撒冷的下榻饭店。具体负责我在以访问活动的是希伯来大学杜鲁门研究院院长希罗尼教授(Professor Ben-Ami Shillony)。次日上午,希罗尼教授如约来到饭店,与我见面。寒暄后,他递上了一份准备好的详细访问日程,并表示我有什么要求可以随时提出。

访问从驱车前往希伯来大学开始。在那里,我们除了参观了解希伯来大学,还重点参观了解了杜鲁门研究院,并参加了当日下午在杜鲁门研究院举行的研究院新翼图书馆落成揭幕式。由于新翼图书馆是美国人捐款建设起来的,美国驻以色列大使一行专程前来参加揭幕式。主宾的衣着令我印象深刻:以方的出席人员个个着西装领带,而美方人士则个个着休闲便装。而我事先了解到的以色列着装习俗应该是这样的:以色列人以随意著称,很少着西装打领带。可今天,出于对嘉宾的尊重,以方人员个个着西装打领带出席;而通常以正装出席揭幕式这类正式活动的美国人,为了表示对以色列人的尊重,特意着便装出席。彼此都为对方着想,表明两国不同寻常的亲密关系。

在接下来的参访中,几乎每一项活动都令我思绪万千,对我日后的学术研究产生重要影响。譬如,在参观了大屠杀纪念馆后,我在接受《耶路撒冷邮报》的采访时,说了这样的话:现在我终于明白犹太人为什么一定要复国。《耶路撒冷邮报》第二天报道了这一采访。对反犹主义的研究从此成为我学术研究的一个主攻方向。我不仅出版了《反犹主义解析》和《反犹主义:历史与现状》等专著,发表若干论文,而且在国内大力推动"纳粹屠犹教育",并作为中国代表出席联合国教科文组织在巴黎召开的"纳粹屠犹教育"国际会议。

在参观了"大流散博物馆"后,我对犹太人长达1800年的流散生活有了更直观的了解,感叹犹太传统在保持犹太民族散而不亡一事上发挥的作用。而博物馆中陈列的"开封犹太会堂"模型和专门为我打印的开封犹太人情况介绍促使我在回国后专程去开封调研,并把犹太人在华散居作为自己的另一个研究方向,其成果是两部英文著作和数十篇相关论文。

穿行在耶路撒冷的老城,我体验到了什么是传统和神圣;行走在特拉维夫,我感受到以色列现代生活的美妙和多姿多彩;在北部加利利地区的考察,令我切切实实地感受到以色列历史的厚重;而在南部内盖夫地区的参观,让我真真切切体验到旷野的粗犷;在马萨达的凭吊,令我感受到什么是悲壮;而在海法的游览,则使我体验到什么是赏心悦目;在基布兹的访问,令我这个曾经在农村人民公社劳动和生活过的人感慨万千——犹太人在农业上的创新做法和务实态度令我不停地发出种种追问,我被基布兹的独特性深深吸引,好奇心使我提出再参观一个基布兹的要求,并得到了满足。

由于我在南京大学最初的10年主要是从事美国犹太文学的研究,在访问期间,我提出希望能够会见以色列文学方面人士的要求,于是我便拜访了以色列文化部,并结识了文化部下属以色列希伯来文学翻译学院负责人科亨女士(Nilli Cohen)。科亨女士是学院负责在全球推广希伯来文学翻译的协调人，我与她建立了工作关系，并一直保持通讯联系。此外，我们还有幸拜会和结识了特拉维夫大学希伯来文学资深教授戈夫林（Nurit Govrin），在向她请教若干关涉现代希伯来文学的问题后，还请她推荐了一些作家和作品。由此，本人对现代希伯来文学的兴趣大增，在随后不到 10 年的时间内，经本人介绍给国内出版界的以色列当代作家多达 50 余位。1994 年，我因译介现代希伯来文学再度受邀出访以色列。在出席以色列举办的"第一届现代希伯来文学翻译国际会议"之际，以色列作家协会为出席会议的中国学者专门举行了欢迎酒会，使我终于有了一个与绝大多数译介过的作家见面的机会。

我必须承认，在初次以色列之行中最触动我心灵的经历是与以色列一系列汉学家的见面交流。老实说，会见以色列汉学家并非出于本人要求，而是以色列接待方的精心安排，因为当时的我压根就不知道，也没有想到，以色列会有汉学家。以色列接待方根据我的身份——一个对犹太文化感兴趣的中国学者，认为安排我会见以色列的汉学家是一项有意义的活动。根据安排，我在特拉维夫大学会见了谢艾伦教授（Professor Aron Shai），他是一位史学家，专攻中国近现代史。我专门旁听了他的中国史课，并与学生进行了简单的交流。谢艾伦后来出任特拉维夫大学的教务长（相当于常务副校长）一职，不仅到南京大学访问过，还热情接待过由我陪同访问的南京大学校长代表团。我在特拉维夫大学会见的还有欧永福教授（Professor Yoav Ariel），他是研究中国古典文化的学者，将中国经典《道德经》译成希伯来文。在希伯来大学，我结识的汉学家有研究中国政治和外交的希侯教授（Professor Yitzhak Shichor），研究中国文化的伊爱莲教授（Professor Irene Eber）。此后我与伊爱莲教授多次在国际场合见面交流，友谊长存（伊爱莲教授于 2019 年与世长辞）。后来（1993 年），在拜会以色列前总理沙米尔时，沙米尔在了解到我当时正在学习希伯来语后，告诉我以色列政府在 50 年代初就安排了一位名叫苏赋特（Zev Sufott）的以色列青年学习中文。尽管在随后的 30 年他一直学非所用，但是当 1992 年中以终于建交后，苏赋特出任以色列第一位驻华特命全权大使。

这一系列的会见使我惊叹不已。以色列这么一个小国（当时的人口尚不足 500 万），竟然有多位专门研究中国历史、文学、社会、政治、外交等方面的专家教授，其中有的还享有国际声誉。而就我所知，当时偌大的中国（人口是以色列的近 240 倍），却鲜有专事研究犹太文化者，中国高校亦无人从事犹太文学的教学！这一反差对我的冲击实在是太大了。作为一个在美国有两年时间"沉浸"在犹太文化中的人，出于一种使命感，我在以色列就发誓回去后一定投入对包括以色列在内的犹太文化研究。

回国后，我义无反顾投身于犹太学研究，确立了自己新的研究方向、开启一个全新治学领域，同时在南京大学创办了犹太和以色列研究所，组织编撰了中文版《犹太百科全书》，率先向国内学界介绍引入现代希伯来文学，建起了一座英文书籍超过三万册的犹太文化图书特藏馆，召开了包括"纳粹屠犹和南京大屠杀国际研讨会"与"犹太人在华散居国际研讨会"在内的大型国际会议，培养了 30 多名以犹太学为研究方向的硕士生和博士生……进而勾勒出了中国犹太/以色列研究的概貌。

回望过往，发生的一切显然过于神奇，只能用"奇迹"来描述。

而这一切源于 1988 年以色列的处女之旅。从此，以色列对于我而言，是一个令奇迹发生的国度。

徐新
2022 年岁首

附录 2

南京大学黛安/杰尔福特·格来泽犹太和以色列研究所简介

1992年，借中国和以色列国正式建立大使级外交关系之东风，南京大学批准成立一专事犹太文化研究兼顾教学的学术研究机构——南京大学犹太文化研究所。不过，在这之前，南京大学就已经开始对犹太文化进行研究，主要由南京大学学者牵头的学术团体"中国犹太文化研究会"（China Judaic Studies Association）于1989年4月宣告成立，并卓有成效地开展工作。随着犹太文化研究的深入，搭建一个平台（即建立研究所）显得十分重要，而这样的研究机构的出现在中国高等教育系统尚属首次。研究所正式成立的时间为1992年5月，最初名为"南京大学犹太文化研究中心"，2001年更名为"南京大学犹太文化研究所"。2006年，为感谢有关基金会和个人的支持，特别是设在美国洛杉矶的黛安/杰尔福特·格来泽基金会的慷慨支持，研究所于是改名为"黛安/杰尔福特·格来泽犹太和以色列研究所"，该名称沿用至今。

研究所建立之初确立的宗旨是：更好地增进中犹双方的友谊，满足中国学术界日益增长的对犹太民族和文化了解的需求，推动犹太文化的研究和教学在国内特别是在高校系统的进一步开展，培养这一学术领域的专门人才，以此服务于中国当时方兴未艾的改革开放事业，推动中国与世界的进一步融合。"不了解犹太，就不了解世界"是研究所当时提出的口号，该口号简洁明了地表明这一研究机构成立的动因。

研究所在其 30 年的历史中成绩斐然,包括:

● 组织撰写并出版首部中文版《犹太百科全书》(上海人民出版社,1993 年),该书成为中国最具权威和广泛使用的一本关涉犹太文化的大型工具书(200 余万字,1995 年获"全国最佳工具书奖");撰写并出版包括《犹太文化史》(北京大学出版社,2006 年)、《反犹主义:历史与现状》(人民出版社,2015 年)在内的著作 10 余部;组织翻译并出版犹太文化方面的著作 20 余种;编辑出版"南京大学犹太文化研究所文丛"一套;同时发表各类论文超过 100 篇。

● 在南京大学逐步开设一系列犹太文化方面的课程,不仅有专门为本科生开设的课程,更多的是为研究生开设的课程。

● 招收和指导犹太历史、文化和犹太教研究方向的硕士研究生和博士研究生。已有 30 多名研究生在研究所学习,从本研究所获得博士学位的研究生超过 15 人,大多数学生毕业后在中国各大学执教,讲授犹太历史文化方面的课程。

● 组织举办大型国际学术研讨会,促进中外学者之间的交流和研讨,包括 1996 年在南京大学召开的"第一届犹太文化国际研讨会"、2002 年召开的"犹太人在华散居国际会议"、2004 年召开的"犹太教与社会国际研讨会"、2005 年召开的"纳粹屠犹和南京大屠杀国际研讨会",以及 2011 年召开的"一神思想及后现代思潮研究国际研讨会"。

● 举办犹太历史文化暑期培训班 3 期,聘请国际犹太学学者授课,受训的中国各高校和研究机构的教师、研究人员和研究生达 100 人,有力促进了犹太文化教学和研究在国内高校的开展。

● 开展国际合作,先后举办各种类型的犹太文化展近 10 次,内容涉及犹太历史、犹太文化、以色列社会、美国犹太社团、犹太学研究、纳粹屠犹、犹太名人等,促进了中国社会对犹太历史文化的了解,增进了中犹人民间的友谊。

● 邀请超过50位国际著名犹太学者来华、来校进行交流、讲学，演讲场次超100场。

● 大力开展对犹太人在华散居史的专门研究，特别是对中国开封犹太人的研究。已发表专著2部（英文、美国出版）、论文数十篇，在国际学术界能够代表中国学者在这一研究领域的水平。

● 建立起中国迄今为止规模最大的犹太文化专门图书馆，仅英文藏书就已超过3万册，涉及犹太文化研究的方方面面。

● 与若干国际学术机构建立联系或互访，包括美国哈佛大学犹太研究中心、耶希瓦大学、希伯来联合学院、宾夕法尼亚大学、加州大学、布朗大学、以色列希伯来大学、特拉维夫大学、巴尔伊兰大学、本－古里安大学、英国伦敦犹太文化教育中心等。

● 积极筹措资金，为犹太文化研究和教学的开展提供经费支持。除了众多个人捐助，还有许多给予研究所各种研究和教学资助的国际基金会，包括：黛安/杰尔福特·格来泽基金会、斯格堡基金会、罗斯柴尔德家庭基金会、布劳夫曼基金会、列陶基金会、犹太文化纪念基金会、博曼基金会、卡明斯基金会、散居领袖基金会等。10余年运作下来，本研究所的规模不断扩大，收益稳定，每年的收益已经能够确保每年发放奖学金数十份、奖励犹太文化研究领域的师生多名，并为各类学术活动提供经费支持。

需要特别指出的是，积极参加国际学术活动和开展国际学术交流会是南京大学犹太文化研究所学术活动的重要特点。在将国际犹太学者"请进来"的同时，研究所的教师也已大步地"走出去"。研究所的研究人员多次外出访问，特别是美国、以色列、德国、英国、加拿大等国，或在国际会议中宣读论文、交流学术，或担任客座教授讲学授课。据不完全统计，本所研究人员在若干国家发表过的学术演讲已达700余场次。此外，研究所每年都会选派研究生前往以色列有关大学进修或从事专题研究。通过这类学术活动，研究所与世界范围内的犹太学术界、犹太人机构及犹太社区建立了广泛而密切的联系，在扩大影响的同时，又推动了研究所各项工作的开展。

南京大学犹太文化研究所因其在犹太和以色列研究领域中取得的成就，已成为中国高校中最早对犹太文化进行系统研究并取得丰硕成果、同时又具有较高国际知名度的一所文科研究机构。